쉽게 배우는 브라질·포르투갈어

한국외국어대학교 이 승 덕

1945
문예림

이 승 덕

한국외국어대학교 포르투갈어과 졸업
한국외국어대학원 졸업
브라질 쌍 · 빠울루 대학원 졸업
브라질 쌍 · 빠울루 대학 교환 교수
포르투갈 문화 대 훈장 서훈
중남미 연구 소장
한국 포르투갈 브라질 학회장
현재 한국외국어대학교 포르투갈어과 교수

쉽게 배우는 브라질 · 포르투갈어

초판 발행 2001년 2월 25일
개정판 2판 인쇄 2010년 1월 10일
개정판 2판 발행 2010년 1월 15일
지은이 이승덕
펴낸이 서덕일
펴낸곳 도서출판 문예림
등록번호 1962. 7. 12. 제 2-110호
주소 서울 광진구 군자동 1-13호 문예하우스 101호
Phone. 499-1281~2 Fax. 499-1283

· 잘못 만들어진 책은 구입하신 서점에서 교환하여 드립니다.
· 이 책은 저작권법에 의해 보호를 받는 저작물이므로 무단전재와 무단복제를 금합니다.
· 저자의 협의에 의해 인지를 생략합니다.

ISBN 89-7482-306-3 13790

쉽게 배우는 브라질 · 포르투갈어

책머리에

　지난해 세계적인 투자은행 골드만 삭스는 브릭스 (BRICS 브라질 러시아 ,인도,중국) 가 2050년엔 미국 일본과 함께 세계경제를 지배 할것이라고 전망했다.
　브릭스는 공통적으로 1억 4천명이 넘은 인구와 광활한 국토, 풍부한 천연자원을 가지고 있다.
　현재 브릭스는 세계 인구 의 42.6% 면적은 28.7% 를 차지하고 있다.
　브라질은 인구 1억 8천만 명에 면적이 8백 50만㎢ (남미대륙의 47%, 남북한의 37배) 되는 큰 나라이며 21C 자원의 보고이다.
　특히 브라질은 남미에서 우리나라와 최초 수교국이며 5만 여명의 우리 동포들이 살고 있는 아주 친근한 이웃이다. 이로 인해 우리나라는 이민·사업·주재원·외교·문화 등으로 많은 사람들이 브라질에 진출하게 되었으며 브라질 국어인 포르투갈어를 말하는 것은 필수 요건이 되었다.
　포르투갈어는 프랑스어·스페인어·이탈리아어·루마니아어와 같이 로망스계 언어에 속하며 사용범위는 브라질과 포르투갈은 물론 포르투갈의 옛 해외영토인 아프리카의 앙골라·모잠비크·까보 베르지·상 또메 이 쁘린시뻬, 최근 인도네시아로부터 독립한 동 티모르 등 여러 나라에서 쓰이며 중국의 마카오, 인도의 고아, 말레이시아의 말라카 등지에서도 아직까지 쓰이고 있는 언어이기 때문에 발음이나 어휘 면에서 약간의 차이는 있지만 본질적으로는 같다.
　이 책은 포르투갈어를 처음 배우는 분들에게 정확한 포어를 배우는데 도움이 되기위해 만들어졌다. 저자 자신이 25년 간 한국외국어대학교에서 강의한 풍부한 경험을 바탕으로 효과적으로 포어를 배우는 방법을 가르쳐 주는 지침서이다. 특히 브라질 포어에 중점을 두었으며 브라질 포어와 포르투갈 포어의 발음·문법·어휘상의 차이점을 자세히 설명하여 기초에서 중급에 이르기까지 정확하게 이해하도록 하였다.
　각 단원마다 연습문제를 통해서 빠르고 정확하게 포어를 배우도록 만들어 놓았다.
　아직 불충분한 점은 있겠으나 이 책이 포어에 관심이 있거나 장차 브라질 사람과 브라질 문화를 배우고 이해하는 분들에게 더없이 좋은 지침서가 될 수 있으리라고 믿는다.
　끝으로 이 책을 펴내는 데 많은 도움을 주신 문예림 서덕일 사장님과 편집과 교정에 애를 쓴 나의 후배들에게 골고루 감사를 드린다.

2006년 1월
저자 씀

CONTENTS

포르투갈어의 어원 ··· 11
ALFABETO ··· 15
발음 ··· 16

제1과   명사의 성 ··· 21
제2과   명사의 수 ··· 25
제3과   정관사와 부정관사 ··· 29
제4과   형용사 ··· 31
제5과   주격 인칭대명사 ··· 34
제6과   Ser의 직설법 현재 ··· 35
제7과   Estar의 직설법 현재 ·· 40
제8과   전치사와 관사의 결합형태 ·· 45
제9과   Tomar 동사의 직설법 현재: -ar(제 1변화 동사) ················ 48
제10과 Comer 동사의 직설법 현재: -er(제 2변화 동사) ················ 52
제11과 Abrir 동사의 직설법 현재: -ir(제 3변화 동사) ··················· 56
제12과 지시형용사, 지시대명사 ··· 59
제13과 전치사와 지시사와의 결합 ·· 60
제14과 관사의 용법 ··· 61
제15과 목적격 인칭대명사 ··· 67
제16과 소유형용사 · 소유대명사 ·· 74
제17과 형용사와 부사의 비교급 ··· 78
제18과 형용사와 부사의 최상급 ··· 82
제19과 Ter 동사의 직설법 현재 ··· 85
제20과 Haver 동사의 직설법 현재 ··· 89
제21과 부정형용사와 부정대명사 ·· 91
제22과 기수와 서수 ·· 100
제23과 의문사 ·· 105
제24과 시간의 표현 ·· 109

제25과	날짜, 요일, 달, 계절의 표현	113
제26과	중요한 불규칙동사의 직설법 현재(1)	117
제27과	현재분사와 진행형	122
제28과	과거분사와 수동형	125
제29과	중요한 불규칙동사의 직설법 현재(2)	130
제30과	재귀대명사와 재귀동사와의 관계	135
제31과	중요한 불규칙동사의 직설법 현재(3)	140
제32과	관계대명사	145
제33과	관계형용사, 관계부사	148
제34과	분수와 배수	151
제35과	직설법 현재완료	153
제36과	직설법 미래	155
제37과	직설법 완전과거(규칙동사)	159
제38과	직설법 완전과거(불규칙동사 1)	162
제39과	직설법 완전과거(불규칙동사 2)	164
제40과	직설법 불완전과거	167
제41과	직설법 과거완료	172
제42과	직설법 과거미래 · 과거미래완료	177
제43과	축소사와 증대사	181
제44과	접속법 현재의 용법(1)	185
제45과	접속법 현재의 용법(2)	190
제46과	접속법 불완전과거	194
제47과	접속법 현재완료와 과거완료	200
제48과	접속법 미래	204
제49과	전치사	208
제50과	비인칭동사	215
제51과	부정법	218
제52과	인칭부정법	220

제53과 감탄문 223
제54과 명령법 225
제55과 가정문 230
제56과 시제의 통합 232
제57과 동명사와 분사 236
제58과 직접화법과 간접화법 241

부록

연습문제편 248
por que, por quê, porque, porquê의 용법 254
격언 256
여러가지 기본 단어 259
브라질에서 쓰는 포어 268
동사변화표 274

발음과 문법

포르투갈어의 어원

포르투갈어는 라틴어에 그 기원을 두고 있다. 포르투갈어 형성의 결정적인 요소는 B. C. 218년 로마인들이 이베리아 반도에 첫발을 내디딘 후 B. C. 209년 이 지역을 완전히 차지하고 600년 간 이 지역을 지배했으며 이베리아 반도의 민족들은 지배자들과의 오랜 공존에서 그들의 언어에 동화하게 된 것이다.

라틴어는 이태리에서도 두 개의 양상을 나타내는데 그것은 Latim clássiso, erudito와 Latim popular, vulgar로서 전자는 문학작품을 썼던 언어인 반면, 후자는 군인, 상인, 선원들 그리고 일반 서민 계급에서 구사했던 언어이다. 포르투갈어의 기원은 Latim popular이다.

이런 배경을 가진 포르투갈어는 많은 외래어의 영향을 받으며 발전하였다.

5C초 Os Bárbaros들은 2차에 걸쳐 반도에 침입해서 수많은 어휘들을 포르투갈어에 남겼다. 그것은 주로 정치제도에 관계되는 어휘, 계급조직, 봉건제도, 전쟁 그리고 항해등에 관한 어휘들로서 476년에 서로마제국이 멸망함으로써 더욱 큰 영향을 끼쳤다.

711년에는 아랍인들이 이베리아반도에 침입해서 Visigodos의 마지막 왕을 물리치고 이 지역을 점유했다. 그들은 그리스도교도들을 동화시키려고 하진 않았지만 언어 상으로는 많은 영향력을 행사하여 오늘날 그들이 전파한 단어들은 포르투갈어에 약 700개가 남아있다.

이와 같이 Os Bárbaros들과 아랍인들의 침략으로 수난을 받은 Latim popular는 어휘상으로는 큰 타격을 받았지만 sintaxe에서나 글자체의 존엄성은 유지되었다.

한편 인디언들에게 교리를 전파하기 위해 활동했던 브라질의 예수회 회원들은 tupi어를 배워야 했고, 또 보다 체계적으로 배우기 위해서 문법책과 사전을 만들게 되었다. 또한 그들이 세운 학교에서는 tupi어를 가르쳤으며, 포어와 더불어 식민자들의 자식들에게 가르쳤다. 또 다른 면으로, 오지에 침투한 반데이라(Bandeira 오지개척단)는 내륙과 해안을 연결시켰으며, 그러기 위해서 오지를 잘 아는 인디언을 안내자로 데려갔고, 또한 서로의 의사소통을 위해서 tupi어를 사용해야만 했다. Bandeira들은 내륙으로 들어가면서 새로운 발견지, 강, 산 그리고 그들 자신이 세운 마을 등을 비롯하여 브라질의 거의 모든 동식물, 새, 고기, 다리, 음식, 도시이름 그리고 심지어는 일상용품에까지 tupi어 이름을 붙여주었다.

브라질에 사탕수수 농업이 한창일 때 일손이 모자라 수입하게 된 노예는 주로 guineano-sudanês족과 banto족 그리고 quimbundo족이었는데, 전자는 Bahia에 영향을 많이 끼쳤고, 후자는 Pernambuco와 북쪽의 다른 지방, Rio, São, Paulo 그리고 Minas Gerais에 영향을 끼쳤다. 그 중, quimbundo들은 사실 포어에 많은 영향을 끼쳤는데, 그 이유는 그 말을 하는 노예가 많았기 때문이다. 그들은 사탕수수 농업이나 광산에 종사하면서, 음식이름, 종교의식(특히 미신적인), 악기이름 등의 일상 생활에 관계된 것에 직접 또는 간접적으로 많은 영향을 끼쳤다.

이와 같이 브라질의 포어는 포르투갈의 포어보다 인디언, 아프리카의 영향을 받아 어휘 면에서는 2만 개의 단어가 사용되고 있는 것이 특징이다.

포르투갈

우리가 알고 있는 포르투갈(Portugal)은 국명의 통칭으로, 공식 국명은 포르투갈 공화국, 포르투갈어로는 헤뿌블리까 뽀르뚜게자(Republica Portuguesa)라고 한다. 포르투갈이라는 국명은 라틴어의 Portus Cale (Portus: 항구 + Cale: 서쪽)가 합성된 보르뚜깔레(Portucale)에서 유래한 말로 국가형성에 중요한 역할을 한 도시인 뽀르뚜(Porto) 지역을 지칭하고 있다. 북부 도우루(Douro)강 어구에 위치한 이 지역을 중심으로, 포르투갈은 12세기에 무어족에 의해 점령된 남부 지방을 탈환하며 현재의 포르투갈을 세우게 되었다.

포르투갈의 국기는 공화정이 수립되고 나서, 다시 말해 1910년 10월 5일에 제정, 1911년 6월 19일 법률로 공포되어 현재에 이르고 있다. 국기의 바탕색은 각각 좌우로 나뉘어 녹색과 적색을 띠고 있다. 녹색은 15, 16세기에 해양진출을 하며 새로운 세계를 발견했을 때 포르투갈인들이 지녔던 희망을 상징하며, 적색은 이를 위해 수많은 포르투갈인들이 흘린 피와 희생, 그리고 고통을 상징하고 있다. 가운데의 원형 모양은 지구를 상징하는 지구의로 포르투갈인들이 대항해시대를 선도하며 발견한 새로운 세계와 이 세계의 여러 민족들과 행한 교류를 의미하고 있다.

지구의 안에 바깥 쪽부터 차례로 붉은 색의 방패, 보다 작은 흰색의 방패, 그리고 그 안에 청색의 방패가 자리잡고 있다. 붉은 색 방패 안에 있는 7개의 황색 성(城)은 포르투갈의 초대 왕인 동 아폰수 엔리께스(D. Afonso Henriques)가 정복한 무어인들의 성을 의미한다. 안에 있는 보다 작은 청색의 5개 방패(Quinas)는 그가 무찌른 5명의 무어왕을 의미하며, 5개의 흰 점들은 예수가 십자가에 못 박힐 때 입은 상처로 상징되고 있다. 또한 청색 방패 중 바깥쪽에 자리잡고 있는 방패 안에 있는 점의 수인 20에, 가운데 있는 방패점의 배수인 10을 더하면 총 30이 되는데, 이는 유다가 예수를 배반하며 그 대가로 받은 '은 삼십'을 상징한다.

국기의 가로와 세로 비는 2:3이며, 녹색과 황색의 비는 이다. 지구의의 크기는 세로의 1/2이고 기의 상단과 하단으로부터 등거리에 위치해 있다.

－포르투갈 국가－
◇ A Portuguesa ◇

바다의 영웅이여. 고귀한 민족,	Heróis do mar, nobre povo
불멸의 용감한 국가여	Nação valente e imortal
오늘 다시 일어나라	Levantai hoje de novo
안개 자욱한 기억 속에	O esplendor de Portugal!
빛나는 포르투갈의 광채여,	Entre as brumas da memoria
아, 조국은 느낀다	Ó, Pátria sente-se a voz
너희를 승리로 이끄는	Dos teus egrégios avós
위대한 조상들의 음성을	Que há-de guiar-te à vitória
무장하라! 무장하라!	Ás armas! Ás armas!
육지와 바다 위에서	Sobre a terra e sobre o mar!
무장하라! 무장하라!	Ás armas! Ás armas!
조국을 위하여 투쟁하라!	Pela Pátria lutar!
대포에 대항에 전진, 전진하라!	Contra os canhões marchar, marchar!

브라질

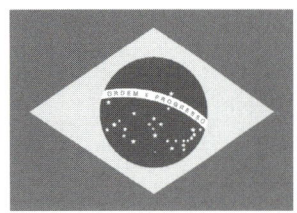

브라질 공식국명은 브라질 연방 공화국(República Federativa do Brasil)이다. 브라질이란 국명은 이 지역에서 많이 나는 브라질 나무(pau-brasil)에서 유래한 말이다. 현재의 국기는 1889년 11월 19일 법령에 의해 정식 채택되었다.

브라질 국기는 푸른색 직사각형인데 가운데에는 노란색 마름모형이 있고 마름모 안에는 파란색 원형이 있다. 원형은 흰 띠로 가로질러져 있으며 왼쪽에서 오른쪽으로 위에서 아래로 기울어져 있다. 이 띠에는 푸른 글씨로 질서와 전진이라는 구호가 적혀있다. 띠 위에는 하얀 별 하나, 밑으로는 26 개의 별이 있다. 이 별들은 브라질의 주와 연방지구를 나타낸다. 별들은 무리지어져 있으며 그 가운데는 남십자성도 있다. 푸른색은 브라질의 산림을, 노란색은 브라질의 부(지하자원)를, 파란색은 하늘을, 하얀 별들은 각 주들을 나타낸다.

-브라질 국가-

◇ O HINO NACIONAL ◇

Ouviram do ipiranga às margens pácidas	이피랑가의 평온한 강가에서
de um povo heróico o brado retumbante,	영웅적인 국민의 우렁찬 함성을 들었노라
e o sol da liberdade, em raios fúlgidos,	자유의 태양은 이 순간에
brilhou no ceu da pátria nesse instante.	조국의 하늘에서 찬란한 빛으로 번쩍였노니
Se o penhor dessa igualdade	만약 평등의 증거라면
conseguimos conquistar com braço forte	우리는 그대의 가슴에서, 이 강한 팔로
em teu seio, ó liberdade,	정복하리라, 오 자유여
desafia o nosso peito a própria morte!	가슴은 자신의 죽음에 도전하리라!
Ó pátria amada,	오 사랑받는 조국이여!
idolatrada,	숭배 받는 조국이여!
salve! salve!	만세! 만세!(구할지어다)

ALFABETO

대문자	소문자	음가	발음	
A	a	아	a	아-
B	b	ㅂ	bê	베-
C	c	ㄲ/ㅅ	cê	세-
D	d	ㄷ	dê	데-
E	e	에/이	é	애-
F	f	프	éfe	애-피
G	g	ㄱ/ㅋ	gê	제-
H	h	-	agá	아가-
I	i	이	i	이-
J	j	ㅈ	jota	죠-따
K	k	ㅋ	ká	까-
L	l	ㄹ	éle	앨-리
M	m	ㅁ/ㅇ	éme	앰-이
N	n	ㄴ/ㅇ	éne	앤-이
O	o	오	o	오-
P	p	ㅃ	pê	뻬-
Q	q	ㄲ	quê	께-
R	r	ㄹ	érre	애-히
S	s	ㅅ/ㅈ	ésse	애-씨
T	t	ㄸ	tê	떼-
U	u	우	u	우-
V	v	ㅂ	vê	붸-
W	w	우	vê dobrado	붸-도브라-두
X	x	쉬/ㅅ/ㅈ	xis	쉬-스
Y	y	이	igrego	이-그레-구
Z	z	ㅈ/ㅅ	zê	제-

1. k, w, y는 원래 포르투갈어에는 없고 무게, 길이, 화학용어의 약자나 외래어에만 쓰인다.
2. 모든 글자는 성이 남성이다.
3. ch, nh, lh는 하나의 소리를 내므로 하나의 글자로 취급된다.
   chamo, espanhol, folha.

발음

모음

A

1. 우리말의 '아' 보다 훨씬 개구도가 큰 '아'로 발음한다.
   lado(쪽)　　　amigo(친구)　　　água(물)

2. 우리말의 '아'와 '어'의 중간소리로 발음한다.
   cama(침대)　　　americano(미국인)　　　caneta(만년필)

3. '아'의 비음으로 발음한다.
   lã(양털)　　　banho(목욕)

E

1. 우리말의 '애'의 가까운 소리 개구도가 크게 발음한다.
   ela(그녀)　　　café(커피)　　　janela(창문)

2. 우리말의 '에' 보다 훨씬 개구도가 작게 발음한다.
   mês(달)　　　você(당신)　　　ele(그 남자)

3. '에'의 비음으로 발음한다.
   bem(잘)　　　homem(사람)　　　tem(가지다)

I

1. 우리말의 '이' 소리로 발음한다.
   cidade(도시)　　　idéia(생각)　　　ali(저기)

2. '이'의 비음으로 발음한다.
   sim(네, 긍정)　　　fim(끝)　　　embora(…에도 불구하고)

O

1. 우리말의 '오' 보다 개구도가 훨씬 크게 발음한다.
   moda(유행)　　　farol(등대)　　　bola(공)

2. 개구도가 작은 '오'로 발음한다.
   avô(할아버지)　　　ovo(달걀)　　　fogo(불)

3. '오'의 비음으로 발음한다.
   som(소리)　　　bom(좋은)　　　dom(귀족칭호)

U 우리말의 '우'와 비슷한 소리로 발음한다.
　　　uva(포도)　　　aluno(남학생)　　　luta(투쟁)

자음

B 파열음 없는 'ㅂ'으로 발음한다.
　　　beber(마시다)　　　ambos(양쪽)　　　sobre(대하여)

C 1. e와 i앞에서는 'ㅅ'으로 발음한다.
　　　certo(확실한)　　　cigarro(담배)

　　2. a, o, u앞에서도 'ㄲ'으로 발음한다.
　　　caro(비싼)　　　comer(먹다)　　　claro(명확한)

　　3. ç는 'ㅅ'으로 발음한다.
　　　aço(강철)　　　açúcar(설탕)

Ch '샤'로 발음한다.
　　　chamar(부르다)　　　chuva(비)　　　achar(생각하다)

D 1. 'ㄷ'으로 발음한다.
　　　dar(주다)　　　ainda(아직)　　　dormir(자다)

　　2. 브라질에서는 di, de가 /di/로 읽혀질 경우 '지'로 발음한다.
　　　dia(낮)　　　tarde(오후)　　　vende(판다)

F 약한 'ㅍ'로 발음한다.
　　　fome(배고픔)　　　família(가족)　　　favor(호의, 친절)

G e, i 앞에서 'ㅈ'로 발음하며 이 외에는 'ㄱ'으로 발음한다.
　　　gado(가축)　　　gato(고양이)　　　gente(사람)

H 무성음으로 발음되지 않는다.
　　　hotel(호텔)　　　hora(시간)　　　homem(사람, 남자)

J 'ㅈ'로 발음한다.
　　janela(창문)　　jantar(저녁)　　janeiro(1월)

L 'ㄹ'로 발음한다.
　　livro(책)　　luz(빛)　　luta(투쟁)

Lh '리'로 발음한다.
　　colher(숟가락)　　filho(아들)

M 1. 어두나 모음과 모음사이 또는 d, t앞에 놓이면 'ㅁ'으로 발음한다.
　　mala(가방)　　cama(침대)　　sombra(그늘)

　2. 어미에 왔을 때 'ㅇ'으로 발음한다.
　　som(소리)　　fim(끝)　　comum(보통의)

N 1. 어두, 모음사이, 자음 뒤 또는 d, t 앞에서는 'ㄴ'으로 발음한다.
　　novo(새로운)　　ano(해)　　doente(아픈)

　2. C와 G 앞에서는 'ㅇ'으로 발음한다.
　　branco(흰)　　tango(탱고)　　tanga(여자 수영복)

Nh 1. '뉴'로 발음한다.
　　vinho(포도주)　　banho(목욕)

P 'ㅂ'과 'ㅃ'의 중간소리로 발음한다.
　　pai(아버지)　　mapa(지도)　　porta(문)

Q 항상 u와 함께 쓰이며 'ㄲ'으로 발음한다.
　　quarto(방)　　quase(거의)

R 1. 어두나 n, l, s의 뒤, rr로 쓰일때는 'ㅎ'으로 발음한다.
　　rádio(라디오)　　rosa(장미)　　honra(명예)

　2. 그 외에는 'ㄹ'로 발음한다.
　　caro(비싼)　　barato(싼)

S   1. 어두, 자음 뒤, ss 이면 'ㅅ'으로 발음한다.
         sapato(구두)   passar(지나가다)

     2. 모음과 모음 사이에 오면 'ㅈ'로 발음한다.
         Brasil(브라질)   pesado(무거운)   casa(집)

T   'ㄸ'으로 발음한다. 브라질에서는 i, e 앞에서는 '찌'로 발음된다.
         tudo(모두)   tempo(기후)   dente(이)

V   'ㅂ'으로 발음한다.
         vaca(젖소)   ver(보다)   verde(초록색)

X   1. 어두에서는 '쉬'로 발음한다.
         xícara(잔)   xarope(시럽)   caixa(상자)

     2. 접두어나 ex 다음에 모음이 오면 'ㅈ'로 발음한다.
         exato(정확한)   exame(시험)   exemplo(예)

     3. 'ks'로 발음 될 때도 있으며 이 때는 사전에 특별히 'ks'가 표시되어 있다.
         fixo(고정된)   sexo(성)   táxi(택시)

Z   1. 어미에 올 때는 'ㅅ'으로 발음한다.
         feliz(행복한)   rapaz(청년)

     2. 그 외의 경우는 'ㅈ'으로 발음한다
         zero(영)   zona(지대)   zangado(화가 난)

강세음

1. -i, -u, -r, -l, -z로 끝나는 단어는 마지막 음절에 악센트가 있다.

    1) -i, -is: abacaxi(파인애플)   ali(저기)
    2) -u: peru(칠면조)   bambu(대나무)
    3) -r: senhor(씨)   doutor(박사)
    4) -l: anel(반지)   especial(특별한)

5) -z: feliz(행복한)   arroz(쌀)

2. -a, -o, -e, -am, -em으로 끝나는 단어는 마지막에서부터 두 번째 음절에 모음에 악센트가 있다.
   1) -a: batata(감자)   mesa(책상)
   2) -e: verdade(진리)   gente(사람)
   3) -o: modo(방법)   menino(소년)
   4) -am: cantam(노래하다)   falam(말하다)
   5) -em: homem(남자)   ontem(어제)

강음부호

1. **acento agudo**: 개구음, 예음 – " ´ "
   fósforo(성냥)   farmácia(약국)   paraíso(천국)

2. **acento circunflexo**: 폐구음 – " ^ "
   ênfase(강조)   você(당신)

3. **til**: 비음 – " ~ "
   estação(역)   revolução(혁명)

1 명사의 성

포어의 모든 명사는 남성명사 혹은 여성명사를 가진다.

남성명사		여성명사	
o aluno	남학생	a aluna	여학생
o pai	아버지	a mãe	어머니
o moço	청년	a moça	숙녀
o livro	책	a casa	집
o sol	태양	a mesa	책상

모든 명사는 성을 가진다. 남성명사는 o(남성 정관사), 여성명사는 a(여성 정관사)를 동반하며 사전에는 m(남성), f(여성)로 구분되어 있다.

1 명사의 성을 구별하는 방법

1) 사람이나 동물을 나타내는 명사의 성은 자연 그대로의 성과 같다.
   o boi 황소   a vaca 암소

2) '차' 또는 '집' 같은 무생물이나 추상적인 의미를 갖는 명사의 경우, 일반적으로 어미가 -o로 끝나는 것은 남성명사, -a로 끝나는 것은 여성명사이다.
   o anjo 천사   a escola 학교

3) 그 밖에 특히 -e, -dade, -ice로 끝나는 것과, -ção으로 끝나는 명사의 대부분은 여성명사이다.
   a árvore 나무   a cidade 시   a tolice 어리석음

4) 어미가 -a인 남성명사들
   jesuíta 예수회원   monarca 군주
   clima 기후   dia 날

poema 시	diploma 학위
guarda-roupa 옷장	guarda-chuva 우산
pirata 해적	telegrama 전보
sistema 제도	mapa 지도
problema 문제	planeta 행성

2 남성명사로부터 여성명사 만드는 방법

1) 남성형의 어미 -o를 -a로 바꾸면 된다. 다만 -ão으로 끝나는 것은 -o를 제하기만 하면 된다.

  o alun*o* 남학생   →   a alun*a* 여학생
  o pomb*o* 숫비둘기   →   a pomb*a* 암비둘기
  o cidad*ão* 남자시민   →   a cidad*ã* 여자시민

2) -r, -ês로 끝나는 남성형의 경우, -a를 붙이면 여성형이 된다.

  o professo*r* 남자교수   →   a professo*ra* 여자교수
  o chin*ês* 남자중국인   →   a chine*sa* 여자중국인

  주의! -ês의 경우 여성형에서는 악센트가 필요 없다.

3) -e, -ista로 끝나는 것은 보통 남녀 동형이다. 그 때문에 정관사 등에 의해서 그 성이 표시된다.

o(a) agente 행위자	o(a) herege 이교도
o(a) artista 예술가	o(a) imigrante 이민자
o(a) camarada 동료	o(a) indígena 인디언
o(a) colega 동료	o(a) intérprete 통역인
o(a) cliente 고객	o(a) jovem 젊은이
o(a) dentista 치과의사	o(a) jornalista 신문기자
o(a) gerente 지배인	o(a) mártir 순교자
o(a) servente 하인	o(a) oculista 안경사

4) 실제로는 남녀의 구별이 있어도 문법상으로는 하나의 성밖에 갖지 않는 명사

  o algoz 사형집행인   o cônjugue 배우자
  o apóstolo 사도   o indivíduo 개인

a criança 어린이   a testemunha 증인
a criatura 피조물   a vítima 희생자

5) 다음의 명사들은 성에 따라 그 의미가 달라진다.

o cabeça 두목   a cabeça 머리
o caixa 출납계(원) a caixa 상자
o capital 자본   a capital 수도
o cura 교구목사   a cura 치료
o guarda 초병   a guarda 보존
o guia 안내서   a guia 안내
o língua 통역   a língua 혀
o moral 도덕성   a moral 도덕

6) 아래의 명사들은 각기 다른 어원을 가진 남·여성 명사이다.

m	f	m	f
bode 숫염소	cabra 암염소	genro 사위	nora 며느리
boi 황소	vaca 암소	homem 남자	mulher 여자
cão 숫개	cadela 암캐	macho 숫놈	fêmea 암놈
cavalo 말	égua 암말	marido 남편	mulher 아내
frade 신부	freira 수녀	pai 아버지	mãe 어머니
padrinho 대부	madrinha 대모	rei 왕	rainha 여왕
rapaz 청년	rapariga 처녀	padrastao 계부	madrasta 계모

7) -ão형의 남성명사들이 여성형을 이루는 데는 세 가지 방법이 있다.

■ -ão이 -oa로:

m		f	m		f
leão	사자	leoa	patrão	남자주인	patroa
leitão	새끼돼지	leitoa	ermitão	은둔자	ermitoa

■ -ão이 -ã로:

m		f	m		f
campeão	챔피언	campeã	cirurgião	외과의사	cirurgiã
anão	난쟁이	anã	irmão	남자형제	
cidadão	시민	cidadã		누이	irmã

■ -ão이 -ona와 -ana로:

m		f	m		f
comilão	먹보	comilona	pobretão	가난한 사람	pobretona
sultão	술탄	sultana	solteirão	노총각(처녀)	solteirona

Quem diz o que quer...

O capataz para os novos operários: — Meu nome é Pedro. Pedro quer dizer pedra. Posso, se for preciso, cair em vocês como pedra. Posso ser quente como pedra de vulcão ou frio como pedra de gelo. Posso até ser pedra no sapato. Vai depender de vocês. Quero os nomes de todos. Você aí, qual o seu nome?

— Lascapedra.

2 명사의 수

명사의 복수는 's'를 첨가하면 된다.

mesa 책상 → mesas	pé 발 → pés
homem 사람 → homens	flor 꽃 → flores
papel 종이 → papéis	ação 행동 → ações

1 복수를 만드는 방법은 다음과 같다.

1) 모음으로 끝나는 명사는 어미에 -s를 붙인다.

　　casa 집　→ casa*s*　　　　boi 황소　→ boi*s*
　　arte 예술　→ arte*s*　　　　livro 책　→ livro*s*

2) 자음으로 끝나는 명사들의 복수형은 다음과 같다.

　① -al → -ais: pardal 참새 – pard*ais*　　　animal 동물 – anim*ais*

　　　예외 cal 석회 – cal*es*, cai*s*,　mal 악 – mal*es*

　② -el → -éis: papel 종이 – pap*éis*

　　　예외 mel 꿀 – mel*es*, m*éis*　　fel 쓸개는 복수형이 없다.

　　-el에 강세가 없을 때는 -eis로 변한다:
　　　　níquel 니켈, 은, 백동화 – níqu*eis*,　móvel 가구 – móv*eis*

　③ -il에 강세가 없을 때는 -eis로 변한다:
　　　　fóssil 화석 – fóss*eis*,　projétil 탄환 – projét*eis*

　　-il에 강세가 있으면 -is로 변한다: funil 깔대기 – fun*is*,
　　　　barril 통 – barr*is*,　fuzil 대포 – fuz*is*

　④ -ol → -óis: farol 등대 – far*óis*,　lençol 시트 – lenç*óis*

sol 태양 – s*ói*s

예외 álcool 알콜 – álco*ois*

⑤ -ul → -uis: paul 늪 – pa*uis*,　azul 푸른 – az*uis*

예외 -ul도 마지막 음절에 강세가 없으면 -es를 첨가한다.
cônsul 영사 – cônsul*es*,　êxul 추방된 사람 – êxul*es*

⑥ -m → -ns: homem 남자 – home*ns*,　armazém 창고 – armazé*ns*
viagem 여행 – viag*ens*,　fim 끝 – fi*ns*,　som 소리 – so*ns*

⑦ -n → nes: dólmen 고인돌 – dólmen*es*,　abdómen 배 – abdómen*es*

⑧ -r → res: mulher 여자 – mulher*es*,　flor 꽃 – flor*es*
colher 숟가락 – colher*es*,　pintor 화가 – pintor*es*

예외 강세가 변하는 경우도 있다.
júnior 하급자 – junior*es*,　sênior 상급자 – senior*es*

⑨ -ês → -eses: mês 달 – mes*es*,　-is → -íses: país 국가 – país*es*

⑩ -s 마지막 음절에 악센트가 없을 때 단수와 복수는 같은 형이다.
lápis 연필 – lápis,　　　oásis 오아시스 – oásis
ônibus 버스 – ônibus,　　vírus 바이러스 – vírus
pires 받침접시 – pires,　　cais 부두 – cais

⑪ -z → -zes: voz 목소리 – voz*es*,　noz 호두 – noz*es*
rapaz 청년 – rapaz*es*,　xadrez 장기 – xadrez*es*,　cruz 십자가 – cruz*es*

⑫ -x → x:　fênix 불사조 – fênix,　tórax 가슴 – tórax

⑬ 단수어미가 –ão인 명사는 전체를 –ões, -ães, -ãos 중 한 가지로 바꾼다.

■-ões로 바뀌는 단어

s		pl	s		pl
balão	풍선	balões	estação	역	estações
botão	단추	botões	leão	사자	leões
canção	노래	canções	nação	국가	nações
coração	심장	corações	opinião	의견	opiniões
eleição	선거	eleições	questão	문제	questões

-ão이 확대형 접미사인 경우 모두 이 유형에 속한다. 예를 들어 casa, faca의 확대형 casarão, facão의 복수형은 casarões, facões이다.

■ -ães로 바뀌는 단어

s			pl	s			pl
alemão		독일인	alemães	capitão		대위	capitães
cão		개	cães	pão		빵	pães

■ -ãos로 바뀌는 단어

s			pl	s			pl
cidadão		시민	cidadãos	órfão		고아	órfãos
cristão		기독교인	cristãos	orgãos		기관	orgãos
irmão		형제	irmãos	mão		손	mãos

⑭ 복합어의 복수형은 아래의 규칙에 의한다.

ⓐ 복합어의 구성요소들이 하이픈이 없이 그냥 연결되어 쓰일 경우 단일어처럼 복수를 형성한다.

s		pl	s		pl
aguardente	소주일종	aguardentes	lobisomem	늑대인간	lobisomens
ferrovia	철도	ferrovias	pontapé	발로차기	pontapés

ⓑ 단어들이 하이픈으로 연결 되어 있는 경우

■ 첫 번째 단어가 동사이고 두 번째 단어가 명사나 형용사일 경우, 두 번째 단어만 복수가 된다.

s		pl
bate-boca	말싸움	bate-bocas
guarda-chuva	우산	guarda-chuvas
sempre-viva	상록수	sempre-vivas
vice-presidente	부통령	vice-presidentes

■ 두 단어가 전치사로 연결되어 있는 경우 첫 번째 단어만 복수가 된다.

s		pl
chapéu-de-sol	양산	chapéus-de-sol
joão-de-barro	새이름	joões-de-barro
pão-de-ló	카스텔라	pães-de-ló

■ 두 단어가 다 명사이거나 하나가 명사이고 다른 하나가 형용사이면 양쪽이 다 복수가 된다.

s		pl
água-marinha	보석이름	águas-marinhas
amor-perfeito	오랑캐꽃	amores-perfeitos
tenente-coronel	중령	tenentes-coronéis
vitória-régia	식물이름	vitórias-régias

⑮ 복수로만 사용되는 단어들

anais 연대기	arredores 주위, 주변
condolências 조의	férias 휴가, 방학
matinas 아침기도	pêsames 조의
trevas 어둠, 암흑	parabéns 축하
cãs 백발, 노인	fezes 찌꺼기, 배설물
óculos 안경	víveres 식량, 양식
copas 트럼프의 하트	ouros 트럼프의 다이아몬드
espadas 트럼프의 스페이드	paus 트럼프의 크로바

⑯ 추상명사 뿐만 아니라 금속의 이름과 같은 경우는 항상 단수로만 쓰인다.

caridade 자비, 사랑   esperança 희망   fé 믿음
cobre 동   ferro 철   ouro 금

3 정관사와 부정관사

용법
① 명사 앞에 위치하며 명사와 함께 명사구를 이룬다.
② 명사의 성과 수에 따라 변한다.
③ 명사 앞에 놓이며 그 명사를 한정 또는 비한정 함으로써 지정해준다.

1 정관사

o gato	그 고양이	os gatos	그 고양이들
a casa	그 집	as casas	그 집들

정관사는 기본적으로 듣는 사람이 이미 알고 있는 명사, 다시 말하면 이미 앞에 나왔던 명사 혹은 주어진 상황에서 어느 것인지를 알고 있는 명사 앞에서 쓰인다.
또한 명사의 성과 수에 따라, 남성 단수명사는 o, 남성 복수명사는 os, 여성 단수명사는 a, 여성 복수명사는 as를 사용한다.

2 부정관사

um livro	한 권의 책	uns livros	몇 권의 책
uma rua	한 거리	umas ruas	몇몇 거리들

부정관사는 기본적으로 처음으로 화제가 된 명사나 그 때의 상황으로 어느 것을 가리키는 것인지 모르는 명사들, 듣는 사람이 아직 모르는 명사 앞에서 쓰인다. 한편, 부정관사의 경우도 성과 수에 따라 남성 단수명사는 um, 남성 복수명사는 uns, 여성 단수명사는 uma, 여성 복수명사는 umas를 사용한다. 끝으로 um, uma는 '하나의' 란 의미를, uns, umas는 '몇몇의, 대략' 의 의미를 갖는다.

연습문제

1 빈칸에 정관사 또는 부정관사를 써넣으시오.

a) 정관사

____ aviões chegam.
____ cidade grande
____ cinema moderno
____ vida é breve.
____ flores do jardim
____ sapatos de couro
____ fechaduras das portas
____ aula de português
____ cabelos do artista
____ noite de verão
____ ônibus
____ cigarro
____ perfume
____ ouro
____ vidro
____ madeira
____ português
____ cidade
____ professor
____ aluno
____ bairro
____ avenida
____ alemães
____ mesa
____ cadeira
____ chão

b) 부정관사

____ jóia de ouro.
____ camas antigas.
____ dia de sol
____ livro de psicologia
____ apartamento grande
____ rapazes de camisas azuis
____ fogões a gás
____ janelas de vidro
____ tardes muito frias
____ estrada de ferro
____ quadro-negro
____ giz
____ apagador
____ armário
____ gravador
____ projetor
____ anel
____ relógio
____ passeio
____ teto
____ lâmpada
____ sacada
____ varanda
____ sobrado
____ estilo
____ caixa

4 형용사

형용사는 일반적으로 수식하는 명사의 뒤에 놓여 명사를 분별하거나 명사의 성질 또는 속성을 나타내며 그 명사의 성과 수에 따라 변화한다.

o moço *coreano*	한국 청년
os moços *coreanos*	한국 청년들
a aluna *brasileira*	브라질 여학생
as alunas *brasileiras*	브라질 여학생들

1 **형용사는 사전에 남성의 단수형으로 나와 있으며, 여성형은 다음과 같이 남성형에서 만들 수가 있다.**

1) -o로 끝나는 것은, 이것을 -a로 바꾼다. 단, -ão으로 끝나는 것의 경우 -ã 또는 -ona로 바꾼다.

   bonit*o* 아름다운 – bonit*a*,　　baix*o* 키가 작은 – baix*a*
   barat*o* 값이 싼 – barat*a*,　　velh*o* 늙은, 낡은 – velh*a*
   s*ão* 건전한 – s*ã*,　　　　　chor*ão* 울보의 – chor*ona*

2) -ês, -or, -u로 끝나는 것은 -a를 덧붙인다.

   portugu*ês* 포르투갈인(의) – portugues*a*,　　cr*u* 날것의 – cru*a*
   despertad*or* 잠을 깨우게 하는 – despertador*a*

   - cortês(정중한), maior(보다 큰), menor(보다 작은), melhor(보다 좋은), pior(보다 나쁜) 등은 남녀 동형으로 쓰인다.
   - mau, má(나쁜), europeu, européia(유럽의) 또한 따로 알아두어야 하는 단어들이다.

3) 그 밖의 것, 즉 -a, -e, -l, -m, -r, -s, -z로 끝나는 것은 바꿀 필요가 없으며 남녀 동형으로 쓰인다.

   agrícol*a* 농업의　　　intelligent*e* 영리한　　　fácil 쉬운

comu*m* 보통의 exempla*r* 모범적인 simple*s* 단순한
feli*z* 행복한 azu*l* 파란 selvage*m* 야생의
fort*e* 강한

2 형용사의 복수형과 과 위치 및 일치는 다음과 같다.

1) 보통 일반적인 복수형을 갖는 단어들
   largo 넓은 – largos, ruim 나쁜 – ruins, inglês 영국의 – ingleses
   azul 푸른 – azuis, difícil 어려운 – difíceis, vão 헛된 – vãos

2) bom, mau, lindo, meu, belo, velho, este, vinte 등과 같은 형용사는 보통 명사 앞에 놓인다.
   bom tempo 좋은 날씨   mau tempo 나쁜 날씨

 특히 지시형용사, 소유형용사, 부정형용사는 명사의 앞에 놓인다.

3) 대부분의 형용사는 일반적으로 명사의 뒤에 놓이지만 때로는 명사의 앞에 놓여 의미를 강조하기도 한다. 다음과 같은 형용사는 그 위치에 따라 의미가 변하는 예로, 명사의 앞에 있을 때는 가치관이나 개인적인 의미가 더해져 있다.
   o homem *grande* 덩치 큰 남자 – o *grande* homem 위대한 남자
   a casa *nova* 새 집   – a *nova* casa 최신식 집
   a mulher *pobre* 가난한 여인   – a *pobre* mulher 불행한 여인

4) 두 개 이상의 명사를 수식하는 형용사의 성·수는

   ① 명사의 앞에 놓이는 경우 가까운 명사에 일치한다.

   tranqüil*os* bosques e montanhas 조용한 숲과 산
   tranqüil*as* montanhas e bosques 조용한 산과 숲

   ② 명사의 뒤에 있을 때는 그들의 명사의 성·수에 따라 다음과 같이 변한다.

   ⓐ 성이 같고 단수일 때, 형용사는 같은 성으로 단수형이 된다.
      a língua e a literatura *brasileira* 브라질의 언어와 문화

ⓑ 성은 같아도, 복수형의 명사가 있을 때, 형용사는 같은 성으로 복수형이 된다.
dois ternos e um chapéu *brancos* 하얀 두 벌의 신사복과 하얀 모자

ⓒ 성이 다르고 수가 같을 때, 형용사는 마지막 명사의 성·수에 일치한다.
uma gravata e um chapéu *escuro* 검은 넥타이와 검은 모자
os idiomas e as literaturas *ibéricas* 이베리아반도의 국어와 문학

ⓓ 성도 수도 다를 때, 형용사는 남성복수형이 된다.
A mesa e os livros são *novos*. 책상과 책은 새 것이다.

Né(네) 와 pá(빠)

브라질에서는 흔히 대화 중 "네?"라는 말을 자주 듣는데 이것은 não é (안그래)의 준말이며 포르투갈에서는 "빠"를 말끝마다 하는데 이것은 rapaz (야, 혹은 젊은이)의 준말이다. 그래서 브라질에서는 "네" 밖에 안들리며, 포르투갈에서는 "빠" 밖에 안들린다.

Cafezinho와 pãozinho

브라질에서는 작은 커피 한 잔을 '까페징유'(우리나라 소주 한 잔의 양)라고 하며, 이것으로 아침식사 대신으로 마신다. 그리고 작은 빵 한 조각을 '빠웅징유'라고 하며, 아침에 까페징유와 같이 먹는다. 아침식사는 café da manhã이다.
음료수는 아마존 지역에서 나는 과일로 만든 guaraná라는 특유의 음료수가 있어 맛이 좋다. 그리고 브라질에서는 커피프림이 없고, 대신 우유를 넣는데 이것을 pingado 혹은 café com leite라 하며, 포르투갈에서는 bica라 한다. 그리고 브라질 원두로 짜낸 진한 커피를 expresso라 한다.
bacana(기가 막히게 좋은)와 porcaria(형편없는), jóia(최고의) 그리고 그저그런 것은 razoável이라고 한다.

5 주격 인칭대명사

eu	나	nós	우리들
tu	너	vós	너희들
ele	그(그것)	eles	그들(그것들)
ela	그녀(그것)	elas	그녀들(그것들)
você	너	vocês	너희들
o senhor	당신(남자)	os senhores	당신들(남자)
a senhora	당신(여자)	as senhoras	당신들(여자)

1 **주격 인칭대명사** 중에서 브라질 사람들의 대화에서는 **você**가 포르투갈 사람들의 대화에서는 tu가 사용되고 있다. 상대방을 지칭하던 대명사는 원래 tu로서 포르투갈 사람들이 계속 사용하고 있는데 특히 윗사람에게는 senhor를 사용한다. 브라질에서는 tu 대신 상대방과의 거리감을 없애고 친근감을 주는 호칭으로 você가 쓰이며 윗사람에게는 **senhor**를 사용한다. 한편 tu의 복수형 vós는 현대 포어에서 사라졌으나 포르투갈 북쪽 지방에서 vocês를 대신하여 쓰이기도 한다.

> 예) 포르투갈 : Tu vais ao cinema? 극장에 가니?
> 브라질 : Você vai ao cinema? 극장에 가니?

여기에서 주의할 것은 대화상에서 이인칭을 지칭하기 위해 사용되는 você 나 senhor(a)는 삼인칭 동사를 써야한다는 것이다.

2 **Senhor는 브라질에서 가까운 사이에 seu로 축소된 형태로 쓰이기도 한다.**

> 예) Seu Paulo 빠울루씨
> Seu Pedro 뻬드루씨

6 Ser의 직설법 현재

eu	**sou**	nós	**somos**
tu	**és**	vós	**sois**
ele	**é**	eles	**são**
ela	**é**	elas	**são**
você	**é**	vocês	**são**
o senhor	**é**	os senhores	**são**
a senhora	**é**	as senhoras	**são**

Sou coreano. 나는 한국사람이다.
Somos coreanos. 우리는 한국사람이다.
Você *é* brasileiro. 너는 브라질사람이다.
Elas *são* brasileiras. 그녀들은 브라질사람이다.

이 ser 동사는 대개 '…이다'의 의미로 영어의 be 동사와 비슷한 용법으로 쓰인다. 『주어 + ser + 명사 또는 형용사』라는 형태의 가장 기본적인 문장으로 쓰이기도 하는데 이 경우 명사 또는 형용사는 주어의 성·수에 일치하여 변화한다. 의미상으로 ser 의 용법을 분류하면 다음과 같다.

1 **사람·동물·사물 등의 영속적인 성질**을 나타낸다.

Ele *é* o senhor Paulo.   그는 빠울루씨이다.
Eles *são* professores.   그들은 선생님들이다.
O gato *é* muito grande. 그 고양이는 매우 크다.
O livro *é* muito caro.   그 책은 매우 비싸다.

 형용사를 수식하는 부사 muito는 형용사의 앞에 놓이며 항상 성·수에 따라 변화하지 않는다.

2 **국적 · 직업 · 신분** 등을 나타낸다.

>   Ana *é* brasileira.　　　　　　　아나는 브라질사람이다.
>   Ele *é* aluno e elas *são* alunas.　그는 남학생이고 그녀들은 여학생들이다.
>   *Sou* solteiro mas você *é* casado.　나는 미혼이지만 너는 기혼이다.

>   **주의!** 다만 국적이나 직업 또는 신분을 나타낼 때 관사는 쓰지 않는다.

3 **땅 · 건물** 등 움직이지 않는 **장소**를 나타낸다.

>   O Rio *é* no Brasil.　리우는 브라질에 있다.

■ ser+de(전치사)의 뒤에 사람 · 사물 · 소를 나타내는 명사가 올 때에는 각기 소유 · 재료 · 출신을 나타낸다.

>   Os livros *são de* Paulo.　그 책은 빠울루의 것이다.
>   A mesa *é de* madeira.　그 책상은 나무로 만들어졌다.
>   Eles *são de* Lisboa.　그들은 리스본 출신이다.

■ ■ ser+para(전치사)는 적성목적을 나타낸다.

>   Ele *é para* o exército.
>   그는 군대체질이다.
>   O lugar *é para* estacionar automóveis.
>   이 곳은 주차를 위한 곳이다.

>   **주의!** 위의 예에서 estacionar는 '주차하다' 라는 뜻의 동사이다. 동사의 원형은 전치사나 타동사의 뒤에 놓이면 명사의 역할을 한다.

1 다음 글을 읽고 해석해보시오.

---

1   Boa tarde. Chamo-me Mariana, sou portuguesa e sou professora. O José também é professor, mas não é português, é brasileiro.

E o Joaquim? Qual é a nacionalidade e a profissão do Joaquim? Ele é americano e é tradutor.

A Rafaela é italiana ou espanhola? É italiana.

E o Juan? Também é italiano? Não, é espanhol.

Qual é a profissão da Rafaela e do Juan? Ela é intérprete e ele é economista.

---

2   De onde é você, Mário?

Sou de Boston, nos Estados Unidos da América. E vocês?

Eu, os meus pais e os meus dois irmãos somos de Lisboa. Os meus avós são do Rio de Janeiro, no Brasil. A minha avó é professora de português e o meu avô é diretor da escola de línguas no Rio de Janeiro. A tia Maria, irmã da minha mãe, é médica no hospital de Faro e o marido, o tio Fernando, é piloto da Varig. Os meus três primos são todos do Porto.

---

2 보기에 따라 ser 동사의 알맞은 형태를 넣어 문장을 완성하시오.

보기	O senhor é engenheiro?	Sou, sim.
	당신은 기사입니까?	예, 그렇습니다.

1) O senhor _____ diretor?   Sou, _____.

2) O senhor _____ professor?   _____, _____.

3) O senhor _____ brasileiro?   _____, _____.
4) Você _____ estudante?   _____, _____.
5) Você _____ secretária?   _____, _____.

> 보기 O senhor é engenheiro?   Não, não sou.
> 당신은 기사입니까?   아니오, 아닙니다.

1) O senhor _____ médico?   Não, _____ _____.
2) O senhor _____ americano?   _____, _____ _____.
3) Você _____ estudante?   _____, _____ _____.
4) Você _____ secretária?   _____, _____ _____.
5) Você _____ coreano?   _____, _____ _____.

> 보기 De onde o senhor é? (Seul)   Sou de Seul.
> 어디 출신입니까?   서울 사람입니다.

1) De onde o senhor é? (São Paulo)   _____.
2) De onde o senhor é? (Paris)   _____.
3) De onde a senhora é (a Coréia)   _____.
4) De onde a senhora é (Roma)   _____.
5) De onde você é? (o Japão)   _____.
6) De onde você é? (o Brasil)   _____.
7) De onde você é? (a Itália)   _____.
8) De onde o senhor é? (o México)   _____.
9) De onde a senhora é? (a França)   _____.
10) De onde a senhora é? (o Rio de Janeiro)   _____.

3 다음 글을 읽어보고 작문을 해보시오.

> **Eu e Minha Família**
>
> Muito prazer! Meu nome é Soo e sou coreano. Minha família não é toda coreana. Eu tenho dois filhos lindos. Minha primeira filha é coreana. O nome dela é Jinhee. Ela é muito tímida, tem sete anos. Meu segundo filho é brasileiro. O nome dele é Fernando. Ele nasceu em novembro. Fernando tem um ano e é extrovertido. Minha esposa é muito alegre. Somos uma família muito feliz. Agora estamos no Brasil e temos uma casa muito grande. Estou feliz em trabalhar aqui e minha esposa também está contente em aprender um novo idioma.

4 다음 글을 읽어보고 작문을 해보시오.

> **Na minha famíla**
>
> Na minha famíla, há cinco pessoas: o pai, a mãe, um irmão mais velho que tem doze anos, minha irmã de oito anos, e eu. Os meus pais são ainda moços. A minha mãe é alta e bonita. O meu pai é gordo e forte. O meu irmão mais velho chama-se José. É um garoto muito inteligente. A minha irmã é magra e morena. Eu sou caçula da família. Eu moro numa casa grande e branca. As janelas são verdes. A minha casa fica na pequena cidade. O meu pai trabalha num escritório. A minha mãe é professora numa escola particular.

7 Estar의 직설법 현재

eu	estou	nós	estamos
tu	estás	vós	estais
ele	está	eles	estão
ela	está	elas	estão
você	está	vocês	estão
o senhor	está	os senhores	estão
a senhora	está	as senhoras	estão

Eu *estou* ocupado. 나는 바쁘다.
Ela *está* em casa. 그녀는 집에 있다.
Hoje *está* bom tempo. 오늘은 좋은 날씨다.
Ele *está* com fome. 그는 배고프다.

Ser 동사가 영속적인 성질을 나타내는데 비하여 estar 동사는 어떤 사람이나 사물의 일시적인 상태를 나타낸다. 이 두 동사는 영어의 be 동사의 용법과 같다.

1 **일시적인 상태**를 나타낸다. Estar 동사의 뒤에 형용사가 오면, 이 형용사를 주어의 성·수에 일치시켜야 한다.

Ela *está* doente. 그녀는 지금 아프다.
※ 비교: Ela *é* doente. 그녀는 병약하다(체질상).
A loja *está* aberta. 그 가게는 영업중이다.

2 **존재**를 나타낸다.

O livro *está* em cima da mesa.
그 책은 책상 위에 있다.

Nós *estamos* em Seul.
우리들은 서울에 있다.
Eu *estou* aqui e eles estão ali.
나는 여기에 있고, 그들은 저기에 있다.

3 **기후**를 나타낸다. 이 경우에는 항상 **3인칭 단수형**이 쓰인다. 주어는 나타내지 않는다. 그리고 보어로는 기후의 더위·추위·온화함 등을 나타내는 명사 또는 형용사가 쓰인다.

Hoje *está* bom tempo.   오늘은 날씨가 좋다.
Está quente(frio) agora.   지금 덥다(춥다).

 예문 중의 hoje, agora는 주어가 아니라 부사로서 쓰이고 있다. 기후를 나타내는 표현에는 estar가 주어를 가지는 형태도 있다.
O tempo *está* bom hoje.
오늘은 날씨가 좋다.

▶ estar 동사를 포함한 브라질에서 잘 쓰이는 구문은 **estar+com(전치사)+추상명사**가 있다. 그리고 추상명사가 나타내는 상태의 정도를 강하게 할 때에는 형용사 muito 또는 pouco를 명사의 앞에 붙인다. **estar+com** 대신에 ter를 써도 의미는 같다.

Estou com sorte.   나는 운이 좋다.
Estamos com muita fome.   우리들은 매우 배고프다.
Ela *está com* muita sede.   그녀는 몹시 목이 마르다.
Paulo *está com* muita dor de cabeça.   빠울루는 머리가 많이 아프다.

이들의 예문에 쓰여지고 있는 추상명사 a sorte(운), a sede(목마름), a fome(배고픔), a dor(아픔)를 비롯하여 a pressa(서두름), o frio(추위), o calor(더위), o medo(두려움), a razão(이유) 등의 단어 앞에서 관사가 생략된다.

▶ 그 밖의 estar 동사 표현
  ⓐ **estar+para+동사의 원형, estar+por+동사의 원형**은 각기 '이제 막 …하려고 한다', '이제 막 …되려고 한다'의 의미이다.

  O carro *está para* sair.   차가 막 떠나려고 한다.

O jogo *está por* começar.	경기가 막 시작되려고 한다.
O trem *está para* chegar.	기차가 막 도착하려고 한다.
A casa *está por* alugar.	집을 세 놓을 것이다.

ⓑ 관용적으로 쓰이는 표현

estar em férias	휴가 중이다
estar de serviço	근무 중이다
estar em pé	서있다
estar de óculos	안경을 쓰고 있다
estar de luto	상중이다
estar de volta	돌아오고 있다
estar de camisa branca	흰 셔츠를 입고 있다
estar em dúvida	의심에 차 있다
estar na hora	바로 그 시간이다

Betinho chegou em casa com um livro embaixo do braço.
– Foi um prêmio que ganhei - explicou.
– Prêmio? - perguntou a mãe, toda orgulhosa. - Por quê?
– Na aula de ciências, a professora perguntou quantas pernas tem um avestruz, e eu respondi três.
– Mas um avestruz tem só duas pernas, menino!
– Agora, eu sei - disse Betinho. - Mas o resto da classe disse quatro, e eu fui o que mais se aproximou da resposta certa.

연습문제

① 다음 글을 읽어보시오.

No aeroporto

Estamos no Aeroporto do Rio de Janeiro. Gostamos muito desta cidade. O Rio de Janeiro é uma cidade bonita, maravilhosa, com muitas praias e montanhas. Nossos amigos, Paulo e Luísa, são cariocas e moram aqui.

Ele é engenheiro e ela é secretária de uma firma de importação e exportação.

Nós somos paulistas e moramos em São Paulo, uma cidade industrial.

② 다음 estar 동사를 넣어 문장을 완성하고 번역하시오.

1) Os engenheiros _____ no escritório.

2) O médico _____ no consultório.

3) O dinheiro _____ no cofre.

4) Vocês _____ na fábrica.

5) Você _____ no consultório.

6) O livro _____ no armário.

7) Nós _____ na praia e eles _____ na montanha.

8) Os planos _____ na firma.

9) Nós _____ em Seul.

10) As chaves _____ no carro.

3 다음 보기와 같이 질문을 만들고 번역하시오.

> 보기 I : Onde está o diretor? Está na fábrica.

1) _____? Está no banco.
2) _____? Está na praia.
3) _____? Estou aqui.
4) _____? Estamos aqui na sala.
5) _____? Está no consultório.

> 보기 II : O dinheiro está no banco? Não, não está. Está na firma.

1) _____? Não, não está. Está na Coréia.
2) _____? Não, não estamos. Estamos na fábrica.
3) _____? Não, não está. Está no consultório.
4) _____? Não, não estão. Estão no escritório.
5) _____? Não, não está. Está na gaveta da mesa.

8 전치사와 관사의 결합형태

관사		o	os	a	as
전치사	a	ao	aos	à	às
	de	do	dos	da	das
	em	no	nos	na	nas
	por	pelo	pelos	pela	pelas

부정관사		um	uns	uma	umas
전치사	de	dum	duns	duma	dumas
	em	num	nuns	numa	numas

A cadeira está *ao* lado *da* mesa.   의자는 책상 옆에 있다.
A aluna está *na* escola.   여학생이 학교에 있다.
Entro *pela* porta.   나는 문으로 들어간다.
Estamos *numa* praia.   우리는 해변에 있다.

1 위의 **전치사와 정관사의 결합**은 반드시 이루어져야 하며 전치사아 부정관사아이 경우는 결합하지 않는 때도 있다. 발음상에서 a와 à, as와 às는 같은 소리가 난다.

A padaria está *à* direita *do* teatro.
빵집은 극장의 오른 편에 있다.

A aula é *às* duas *da* tarde.
수업은 오후 두 시이다.

O senhor Paulo é *do* Estado *do* Rio de Janeiro.
빠울루씨는 리우 지 자네이루 출신이다.

Ele está *na* sala de visita.
그는 면회실에 있다.

2 전치사 em, de와 부정관사의 결합형에 있어 브라질에서보다 포르투갈에서 더 빈번히 쓰인다.

브:	em um	em uns	de um	de uns
	em uma	em umas	de uma	de umas
포:	num	nuns	dum	duns
	numa	numas	duma	dumas

3 관사와 전치사의 결합형의 사용 용례

- 전치사 'a'와의 결합형

    Eu vou *ao* cinema(a+o).   나는 영화관에 간다.
    Eu vou *aos* Estados Unidos(a+os). 나는 미국에 간다.
    Eu vou *à* praia(a+a).   나는 해변에 간다.
    Eu vou *às* compras(a+as).   나는 쇼핑하러 간다.

- 전치사 'de'와의 결합형

    Ele é pai *das* meninas(de+as).   그는 그 소녀들의 아버지다.
    Ele é pai *da* moça(de+a).   그는 그 아가씨의 아버지다.

- 전치사 'em'과의 결합형

    Ela está *na* casa do Paulo(em+a). 그녀는 빠울루의 집에 있다.
    Ela está *no* escritório(em+o).   그녀는 사무실에 있다.
    Ela está *nas* montanhas(em+as).   그녀는 산에 있다.

연습문제

1 알맞은 전치사와 관사의 결합형을 만드시오.

1) Meu filho estuda _____ (o) colégio.

2) Os livros _____ (o) Mário estão ótimos.

3) Vamos _____ (o) Rio na próxima semana.

4) Você vai _____ (a) praia domingo?

5) Gosto de morar _____ (o) Rio.

6) Meu amigo está _____ (a) China.

7) João passa as férias _____ (a) fazenda.

Maringá, 31. 7. 2000

Querida mamãe,
desculpe por não ter escrito antes, mas nós temos muito trabalho na firma (ontem saí às 10 da noite) e em casa. Por isso não tive tempo.
Chegamos aqui no dia 16. A cidade é bonita, moderna, tranqüila, com muitas árvores e pouco trânsito. Nos primeiros dias, ficamos num hotel mas já na semana seguinte consegui alugar uma casa. Ela tem 2 quartos e uma sala grande. Fica perto das lojas, mas num bairro tranqüilo. Vou mandar fotos na próxima carta. Ontem vendi nosso carro. Vou comprar um novo no próximo mês. Mas aqui não preciso de carro como em São Paulo. Na semana passada, convidamos nossos amigos para uma festa aqui em casa.
Assim já conhecemos muita gente.
Preciso sair agora. Vou ligar no fim-de semana e mandar as fotos logo.

Um beijo
Marcos

9 Tomar 동사의 직설법 현재: −ar(제 1변화 동사)

Eu	**tomo**	cerveja
Tu	**tomas**	água
Ele, ela, você, o senhor, a senhora	**toma**	um sorvete
Nós	**tomamos**	a atitude
Vós	**tomais**	um café
Eles, elas, vocês, os senhores, as senhoras	**tomam**	suco de laranja

1 포어의 모든 동사의 원형은 언제나 −r로 끝나며 대부분 -ar, -er, -ir이다. 몇 개의 동사는 -or로 끝나는 것도 있다. 이 중에서 -ar로 끝나는 동사를 제 1변화동사라 한다.

2 −ar 동사의 직설법 현재의 사용

O rapaz *fala* português muito bem.
그 젊은이는 포어를 아주 잘 한다.

 위와 같이 국어명을 표시하는 명사가 동사의 목적어일 때와 전치사 뒤에 올 때는 정관사가 필요 없다.

Eu *moro* perto de Campinas.   나는 깡삐나스 근처에 살고 있다.
O senhor *trabalha* muito devagar.
당신은 매우 천천히 일을 한다.
Tomo café todas as manhãs.   나는 매일 아침 커피를 마신다.
Espero encontrar o Sr. Pedro na semana que vem.
나는 다음 주 뻬드루와 만나기를 기대하고 있다.

 직설법 현재는 가까운 미래에도 사용된다.

3 동사는 일정한 전치사를 수반하여 목적어(동사의 원형이나 명사 등)을 취하는 것이 있다. 비교적 많이 사용되는 동사들은 다음과 같다.

acabar de ... 『방금 …을 완료하다』

Acabo de almoçar.
나는 방금 점심을 먹었다.
O professor *acaba de* chegar agora.
교수는 지금 방금 도착했다.

■ **começar a...** 『… 하기 시작한다』

Começo a estudar português.
나는 포어 공부를 하기 시작한다.

■ **deixar de...** 『… 하는 일을 그만 두다』

Ele *deixa de* namorar.
그는 연애를 그만 둔다.
O menino *deixa de* chorar.
그 소년은 울음을 그친다.

■ **gostar de...** 『… 을 좋아하다』

Gosta de café.
너는 커피를 좋아한다.
A gente *gosta de* almoçar fora.
사람들은 외식하는 것을 좋아한다.

> 주의! a gente는 일반적으로 '사람들'의 의미로 쓰이며 때로는 '우리'의 뜻으로 쓰인다.

■ **ajudar + 사람 + a...** 『… 하는 것을 도와준다』

Ele *ajuda a velha a* subir para o táxi.
그는 그 노파가 택시에 오르는 것을 도와준다.

■ **ensinar + 사람 + a...** 『… 하는 일을 가르친다』

Ele *ensina o menino a* tocar piano.
그는 소년에게 피아노 치는 법을 가르친다.

연습문제

1 다음의 동사를 변화시키고 번역하시오.

1) (morar)   Você _____ em São Paulo? _____, sim.
2) (morar)   Nós _____ no campo.
3) (morar)   Eu não _____ em apartamento.
4) (falar)   Ele _____ inglês e alemão.
5) (entrar) Nós _____ no escritório do engenheiro.
6) (entrar) A secretária _____ na padaria.
7) (entrar) Eles _____ no consultório do médico.
8) (entrar/falar) O engenheiro _____ no escritório e _____ com o diretor.
9) (morar/falar) Nós _____ no Brasil e _____ português.
10) (morar/falar) Meus filhos _____ em Londres e _____ inglês.
11) (gostar)   Eles _____ de ouvir música.
12) (conversar) Pedro _____ com Maria todos os dias.
13) (ficar)   O Brasil _____ na América do Sul.
14) (trabalhar) O senhor _____ muito hoje de tarde.
15) (voltar)   Ela _____ para casa cedo hoje.

2 다음 문장에 trabalhar, tomar, gostar de, estudar, tocar, acabar, praticar, ligar등의 동사를 넣어 문장을 완성하고 번역하시오.

1) Patrícia _____ piano.
2) Nós _____ na escola do bairro.
3) Eles _____ jogar futebol.
4) Vocês _____ cerveja todos os dias?
5) Onde elas _____?
6) Nós _____ de almoçar.
7) Elas _____ muitos esportes.

8) Eu _____ o rádio para ouvir a canção.

3 다음의 내용을 번역하시오.

O Sr. Park é uma pessoa muito alegre. Ele está no Brasil a trabalho. Ele acorda muito cedo e após tomar café da manhã vai de carro para o escritório. Ele gosta muito daqui e fala português muito bem porque estuda bastante. Park trabalha em uma fábrica em Campinas e quer melhorar ainda mais seu vocabulário. Por isso, conversa com todos os colegas em português. Seu horário de trabalho é longo. Ele começa a trabalhar às 7h. 30 e termina às 17h. 30. Seu almoço é de uma hora e ele e seus amigos almoçam juntos no restaurante da empresa. A esposa de Park e seus filhos almoçam em casa. Enquanto Park estuda português, seus colegas estudam inglês e espanhol. Alguns estudam também coreano e acham esse idioma muito difícil. Os alunos de inglês, espanhol e de coreano vão à aula duas vezes por semana mas estudam muito em casa também. Para eles é muito importante aprender outro idioma, para um dia ir a outros países trabalhar para sua empresa. Quando viajam, eles vão aos Estados Unidos, à Colômbia, à Venezuela e, muitas vezes, à Coréia. Nos fins de semana, eles jogam futebol, tênis e baralho. Quando estão em casa conversam com suas famílias, assistem à televisão e vão passear pela cidade. Gostam muito de ir ao cinema e, quando é feriado, de ir à praia ou às montanhas. Agora nós conhecemos melhor Park e seus amigos.

10 Comer 동사의 직설법 현재: −er(제 2변화 동사)

Eu	**como**	carne
Tu	**comes**	rápido
Ele, ela, você, o senhor, a senhora	**come**	muito devagar
Nós	**comemos**	de tudo
Vós	**comeis**	muitas frutas
Eles, elas, vocês, os senhores, as senhoras	**comem**	o bolo de chocolate

Eu *como* doce. 나는 과자를 먹는다.
Você *come* bem. 너는 잘 먹는다.
Nós *comemos* peixe e carne. 우리는 생선과 고기를 먹는다.

1 제 2 변화 −er 동사의 직설법 현재의 사용법

A empregada *acende* a luz da cozinha.
하녀가 부엌의 불을 켠다.
Rosa *aprende* português.
호자는 포어를 배운다.
Ela não *bebe* muito.
그녀는 술을 많이 마시지 않는다.

주의! beber 동사는 그 의미가 '술을 마시다'로 쓰일 때가 있다.

Bebo água quando estou com sede.
나는 목이 마를 때 물을 마신다.
Este aluno ainda não *compreende* coreano.
이 학생은 아직 한국어를 알아듣지 못합니다.

O gato *corre* muito rápido.
고양이는 매우 빨리 달린다.
Ela *escreve* à máquina e eu escrevo a lápis.
그녀는 타이프를 치고 나는 연필로 쓴다.
Devemos ferver a água para preparar o chá.
우리는 차를 준비하기 위하여 물을 끓여야 한다.
(dever는 '…해야만 하다')

2 준규칙 동사

다음은 일부 철자만 바뀌는 정도의 약간의 변화가 있는 동사들이다.

▶ -cer 의 어미를 가진 동사는 1인칭 단수형의 어미가 -ço가 된다. 이는 -co(꾸)로 발음나는 것을 피하고 원래의 발음을 유지하기 위해서이다.

parecer 『… 와 닮다, … 처럼 보이다』
pareço, pareces, parece, … (pareco가 아님)

reger 『지배하다』
rejo, reges, rege, … (rego가 아님)

erguer 『올리다, 세우다』
ergo, ergues, ergue, … (erguo가 아님)

Conheço o gerente do banco.
나는 그 은행의 지배인을 알고 있다(conhecer).
Agradeço muito a ajuda.
도움에 대단히 감사합니다(agradecer).
Parece que ele é professor.
그는 교수같다(parecer).

 「…와 같다」의 parecer는 3인칭 단수형으로 쓰인다.

Elejo aquele jogador como chefe da nossa seleção.
나는 그 선수를 우리 대표팀의 주장으로 선출한다 (eleger).

3 다음 동사들은 일정한 전치사를 동반하며 목적어를 가진다.

aprender a ...　「...를 배우다」

Aprendemos a nadar neste rio.
우리들은 이 강에서 수영을 배운다.

bater a(em)...　「... 두드리다」

O porteiro *bate à* porta.
문지기가 문을 두드린다.

obedecer a...　「...복종하다」

Obedeço à opinião do pai.
나는 아버지의 의견에 따른다.

pertencer a...　「... 속하다, ... 의것이다」

Você *pertence ao* clube esportivo?
너는 그 스포츠클럽에 들어 있니?

Conhece-se o coração de homem pelo que ele faz e a sua sabedoria pelo que diz.(Provérbio persa)

연습문제

1) 다음의 동사를 문장에 맞는 형태로 써 넣고 번역하시오.

1) (atender)   Eu _____ meus clientes de manhã.
2) (atender)   Ela _____ o telefone.
3) (atender)   Eles _____ a porta.
4) (atender)   Nós sempre _____ o diretor.
5) (comer)   Tomás e Antônio _____ muito.
6) (beber)   Nós _____ cerveja de manhã.
7) (beber)   Paulo _____ muito.
8) (vender)   Minha firma _____ prédios.
9) (vender)   Eu não _____ minha casa. Gosto muito dela.
10) (aprender)   Você _____ inglês na escola.
11) (aprender)   Vocês não _____ japonês na escola.
12) (aprender)   Nós _____ português na escola.
13) (escrever)   Eu _____ muito.
14) (escrever)   Ele _____ pouco.
15) (nascer)   O sol _____ muito tarde no inverno.
16) (conhecer)   Eles ainda não _____ a mãe de Carlos.
17) (parecer)   Ela _____ ser muito inteligente.
18) (entender)   Eu não _____ alemão.
19) (comer/beber)   Luís _____ pizza e _____ cerveja.
20) (comer/beber)   Nós _____ pizza e _____ vinho.
21) (andar/comer)   Eu _____ muito e _____ pouco.
22) (trabalhar/andar)   Os médicos _____ muito e _____ pouco.
23) (beber/andar)   Meu amigo _____ muito e _____ pouco.
24) (comprar/vender)   A senhora _____ e _____ livros antigos.

11 Abrir 동사의 직설법 현재: −ir(제 3변화 동사)

Eu	**abro**	os olhos
Tu	**abres**	uma conta no Banco do Brasil
Ele, ela, você, o senhor, a senhora	**abre**	a porta
Nós	**abrimos**	a janela
Vós	**abris**	o livro
Eles, elas, vocês, os senhores, as senhoras	**abrem**	o caminho

Eu *abro* os olhos. 나는 눈을 뜬다.
Ele *abre* a janela do quarto. 그는 방의 창문을 연다.
Elas *abrem* uma conta no Banco. 그녀들은 은행의 계좌를 개설한다.

1 제 3 변화 −ir 동사의 직설법 현재의 사용법

Minha mãe *abre* a janela.
나의 어머니는 창문을 연다.
Eu *abro* o meu livro.
나는 내 책을 편다.
Muita gente *assiste* à novela das oito.
많은 사람들이 8 시 연속극을 본다.
Meus pais e eu *partimos* hoje para o Rio.
나와 나의 부모님은 오늘 리우로 떠난다.
Os motoristas *discutem* com a polícia.
운전사들이 경찰과 다툰다.
Confundo português com espanhol muitas vezes.
나는 가끔 포르투갈어를 스페인어와 혼동한다.

2 다음의 준규칙 동사들은 1인칭에서만 불규칙이다.

▶ -gir의 어미를 갖는 동사의 1인칭 단수형의 어미는 -jo가 된다.

    dirigir   『… 지도하다, 운반하다, 향하다』

        dirijo, diriges, dirige... (dirigo가 아님)
        Dirijo este carro muito bem.
        나는 이 차를 매우 잘 운전한다.

▶ -guir의 어미를 갖는 동사의 1인칭 단수형의 어미는 -go가 된다.

    distinguir   『…구별하다』

        distingo, distingues, distingue,... (distinguo가 아님)
        Distingo facilmente os coreanos dos japoneses.
        나는 쉽게 일본사람과 한국사람을 구별한다.

> Meus amigos e eu estamos na praia. É um dia muito quente. O céu está sem nenhuma nuvem e o mar parece calmo. De repente, o tempo muda. O sol se esconde atrás de nuvens escuras. Começa a ventar. Nossa barraca se solta e voa para longe. Enquanto eu corro para pegá-la, meus amigos enrolam as esteiras e dobram as toalhas. A chuva começa a cair forte.

연습문제

1 괄호 안의 동사를 직설법 현재 동사로 바꾸어 알맞은 형태를 빈칸에 써넣으시고 번역하시오.

1) (transmitir)   O rádio _____ notícias.
2) (decidir)   Os diretores da empresa _____ o reajuste salarial dos empregados.
3) (discutir)   Os motoristas _____ freqüentemente com os guardas de trânsito.
4) (abrir)   O presidente do Sindicato _____ a assembléia às 20 hs.
5) (dirigir)   Eu _____ meu carro com cuidado.
6) (atingir)   Com esta velocidade, eu _____ a próxima cidade em 4 horas.
7) (discutir)   Ela _____ muito com as pessoas.
8) (permitir)   O gerente não _____ a entrada de pessoas estranhas.
9) (partir)   Meus pais e eu _____ hoje para Paris.
10) (reunir)   Ele _____ minha família no Natal.
11) (discutir)   Aqueles senhores _____ um assunto importante.
12) (partir)   Os professores _____ para o Brasil amanhã.
13) (abrir)   Eu _____ a porta e entra na sala.
14) (resistir)   Você _____ ao frio?

12 지시형용사, 지시대명사

	남성		여성		중성지시대명사
	단수	복수	단수	복수	
이, 이것	este	estes	esta	estas	isto
그, 그것	esse	esses	essa	essas	isso
저, 저것	aquele	aqueles	aquela	aquelas	aquilo

1 **지시형용사**는 관사를 수반하지 않고 일반적으로 명사 앞에 놓이며 수식하는 명사의 성과 수에 일치하여 변한다. '이, 그, 저'는 구체적인 것을 가리키는 경우 각각 나와 가까운 것, 대화 상대자와 가까운 것, 그리고 제 삼자와 가까운 것을 가리킨다.

este livro 「이 책」 *estas* lojas 「이 상점들」
esses fatos 「그 사실들」 *essa* mesa 「그 책상」
aquele carro 「저 차」 *aquela* casa 「저 집」

2 **지시대명사**는 성·수 변화가 없는 중성의 isto, isso, aquilo 외에 지시형용사도 대명사로서 쓰인다.

Que *é isto*? 이것은 무엇입니까?
Por *isso*, estou zangado.
그래서 나는 화가 나있다.
Este é o senhor Kim e *aquela* é a senhora Park.
이분은 김씨이고 저분은 박여사입니다.

 주의! este, aquele가 각기 후자, 전자의 의미를 갖는 일이 있다.
Aqui estão duas coisas; uma caneta e um livro. Este é caro e aquela é barata.
여기에 두 가지 물건, 즉, 펜과 책이 있다. 후자(책)은 비싸고 전자(펜)은 싸다.
여기서 este는 그 앞 문장의 제일 뒤에 위치한 명사를 가리킨다.

13 전치사와 지시사와의 결합

de + este(s) → deste(s)	de + estas → desta(s)
de + esse(s) → desse(s)	de + essa(s) → dessa(s)
de + aquele(s) → daquele(s)	de + aquela(s) → daquela(s)
de + isto → disto de + isso → disso de + aquilo → daquilo	
em + este(s) → neste(s)	em + esta(s) → nesta(s)
em + esse(s) → nesse(s)	em + essa(s) → nessa(s)
em + aquele(s) → naquele(s)	em + aquela(s) → naquela(s)
em + isto → nisto em + isso → nisso em + aquilo → naquilo	
a + aquele(s) → àquele(s)	a + aquela(s) → àquela(s)
a + aquilo → àquilo	

1 이들의 전치사와 지시사는 분리하여 쓰이는 일이 없다. 발음상에서 àquele(s)·àquela(s)·àquilo는 각각 aquele(s)·aquela(s)·aquilo와 같다.

2 용법

Ela estuda *nesta* universidade.   그녀는 이 대학에서 공부하고 있다.
A sala *desta* casa é muito grande.   이 집의 응접실은 매우 크다.
Você não pensa *nisso*?
너는 그 일을 생각하지 않니? (pensar em... 「…을 생각하다」)
Queria ir *àquele* museu de belas artes.
나는 그 미술관에 가고 싶다.

주의! ir 'a'는 잠깐 가는 것을 의미하는 반면 ir 'para'는 아주 가는 것을 의미한다.
Vou para minha casa.   나는 집에 간다.
Ela *vai ao* cinema.   그녀는 영화관에 간다.

14 관사의 용법

정관사는 항상 수식하는 명사의 성과 수에 일치하여야 한다: *o* aluno, *os* alunos, *a* moça, *as* moças.

1 정관사의 용법

1) 어떤 사물을 지적하거나 한정하는 일반적인 의미로 쓰인다.
   O petróleo é caro.   석유는 비싸다.
   O gato apanha *o* rato.   고양이는 쥐를 잡는다.

    「전치사 + 명사」라는 형의 형용사구로서 쓰일 때, 정관사는 필요없다.
   João é homem *de mérito*.
   주앙은 칭찬할 만한 사나이다.

2) 존칭 · 칭호를 나타내는 명사의 경우
   o senhor Paulo   빠울루씨   *o* professor Edson   에드송 교수

3) 지리상의 고유명사의 경우
   a Coréia 한국   *o* Brasil 브라질
   os Estados Unidos da América 미국합중국   *a* China 중국
   a Argentina 아르헨티나   *a* Alemanha 독일
   o Japão 일본   *o* Canadá 캐나다

    국명에는 일반적으로 정관사가 붙지만 예외도 있다:
   Portugal 포르투갈, Cuba 쿠바, Guatemala 과테말라 등.

   o Estado d*o* Rio de Janeiro 리우 데 자네이루주
   o Estado d*o* Ceará 세아라주

    브라질의 주 이름 중에 다음의 경우에는 정관사를 붙이지 않는다:
   Minas Gerais, Santa Catarina, São Paulo, Alagoas, Pernambuco, Sergipe, (a) Bahia(정관사를 써도 쓰지 않아도 된다).

a Europa 유럽   *a* África 아프리카   *a* Ásia 아시아
os Andes 안데스 산맥   *o* (rio) Prata 쁘라따 강
o Nilo 나일 강   *a* Sibéria 시베리아
o (rio) Amazonas 아마존 강   *o* (oceano) Atlântico 대서양

4) 단위를 표시하는 명사의 앞에 놓여 '…당(=por)'의 의미를 갖는다.
   um real *a* dúzia   1 타스당 1 헤알
   cem dólares *a* diária   하루에 100 달러
   trinta escudos *o* quilo 킬로당 30 에스꾸두

5) 선행하는 명사의 반복 사용을 피하기 위하여 대명사로서 쓰인다.
   entre a esquadra brasileira e *a*(esquadra) inglesa
   브라질 함대와 영국 함대의 사이에
   a população da China e *a* do Japão
   중국의 인구와 일본의 인구

2 그밖에도 정관사는 다음과 같은 경우에 쓰인다.

▶ **역사상의 인물**, 그 **통칭명**, **친밀한 사이**의 사람 이름(특히 아이의 이름)
   o Napoleão 나폴레옹   Sejong, *o* Grande 세종대왕
   o Pedrinho 뻬드루군

▶ **문학·예술 작품**의 이름
   a Vênus de Milo 밀로의 비너스

▶ 작가나 화가의 이름 앞에 붙여, 그 사람의 **작품**을 나타낸다.
   o Machado de Assis 마샤두 지 아씨스의 작품
   os Goyas 고야의 작품들

▶ **관용구**에 쓰인다.
   à toa 목적없이   à roda 주위에   à força 무력으로
   à noite(=de noite) 밤에   à tarde(=de tarde) 오후에

3 부정관사의 용법

1) 영어의 부정관사가 '하나' 임을 의미하나 영어만큼 그 의미가 강하게 사용되지는 않는다.

    Escrevo *um* livro.   나는 책 한 권을 쓴다.
    Compro *uma* casa.   나는 집 한 채를 산다.

2) 부정관사의 복수형 uns · umas가 수사의 앞에 쓰일 때 '약', '대개'의 의미를 나타낸다.

    uns quarenta anos 약 사십 년   *umas* quatro pessoas 약 네 사람

3) 그밖에 부정관사는 다음과 같은 경우에 쓰인다.

▶ um · uma는 '훌륭한', '유명한' '대단한' 등 **강조**를 나타내기도 한다.

    Ele é *um* ator!   그는 훌륭한 배우다.
    Estou com *uma* fome.   나는 무척 배가 고프다.

▶ 단수명사 앞에서 모든 종류를 **대표**하는 의미를 갖는다.

    Um homem não foge à responsabilidade.
    인간은 책임을 피하지 않는다.

▶ um, uma가 고유명사와 함께 쓰여 '…라는 사람', '…와 같은 사람'의 의미가 된다.

    Ele é *um* Einstein na Coréia.
    그는 한국에서의 아인슈타인과 같은 사람이다.
    Ele era *um* Viriato.
    그는 비리아뚜 장군 같은 사람이었다.

4 정관사의 생략

1) **감탄 · 호칭**

    Que é isso, moço!   그것은 무슨 일인가, 젊은이!
    Cuidado, chefe!   대장, 주의하시오!

2) ser(또는 tornar-se 「…가 된다」, fazer-se 「…이 된다」) 등의 뒤에 오는 **국적 · 직업 · 신분**을 나타내는 명사의 경우

    Sou coreano.　　　　나는 한국사람이다.
    Você é budista.　　　너는 불교도이다.
    Elas são cantoras.　　그녀들은 가수이다.

3) **과목 · 국어**를 나타내는 명사가 동사나 전치사의 목적어가 될 때

    Aquela moça fala em espanhol.
    저 아가씨는 스페인어로 말한다.
    Estudamos Economia nesta escola.
    우리들은 이 학교에서 경제학을 공부하고 있다.

4) casa가 '**집**', '**가정**'이라는 의미로, 그것이 주어의 것일 때

    Volto para casa cedo.
    나는 빨리 귀가한다.
    Você está em casa amanhã?
    너 내일 집에 있느냐?

5) **날짜 · 장소**를 나타낼 때

    Rio de Janeiro, 10 de junho de 2000.
    2000년 6월 10일, 리우 데 자네이루에서(편지의 날짜와 장소 표현)

5 부정관사의 생략

1) **동격명사** 앞에서

    Santos, cidade do Brasil.
    상뚜스, 브라질의 도시

2) 부정어에 관계된 수식어 없는 명사 앞에서

    Não tenho lápis nem papel.　　나는 연필도 종이도 없다.
    Saiu sem dizer palavra.　　　말없이 나갔다.

 그러나 하나임을 강조할 필요가 있을 때는 생략하지 않는다.
    Saiu sem dizer uma palavra.　　한마디 말도 없이 나갔다.

3) 부정대명사 certo, outro, qualquer, tanto 그리고 igual, semelhante, tal 등이 명사 앞에 있을 때

   Quero um livro igual a esse.
   그것과 비슷한 책을 원한다.

   또한, 앞서의 경우들은 부정문이나 의문문일 때는 생략된다.
   Nunca li coisa igual.
   그와 같은 것을 읽은 적이 없다.

4) ser, parecer의 보어로 사용된 국적이나 직업을 의미하는 명사 앞에서
   Sou coreano.   나는 한국사람이다.
   O meu pai é médico.   나의 아버지는 의사이다.

    수식어가 있을 때는 사용된다.
   É um professor de fama universal.
   세계적인 명성을 가진 교수이다.
   O Sr. Kim é um coreano bonito.
   김씨는 잘 생긴 한국인이다.

5) cem, mil, que 등과 함께 쓰인 명사 앞에서
   cem alunos   백 명의 학생
   mil carros   천 대의 차
   que pena!   아, 가엾어라!

6) 동등비교의 tão이나 tanto에서
   Trabalhava com tanto cuidado como o pai.
   아버지만큼 조심스럽게 일했다.

7) 우등비교나 열등비교가 부정문이나 의문문에서 표현될 때
   Não encontraria melhor amigo nesta emergência.
   이런 위급한 상황에서 더 좋은 친구는 만나지 못했을 것이다.

연습문제

① 다음 문장을 완성하시오.

1) Pusan é _____ cidade.
2) São Paulo é _____ estado.
3) Seul é capital _____ país.
4) Um carro pára _____ (em) esquina.
5) Um moço lê _____ jardim.
6) Não trabalho _____ banco, trabalho _____ escritório.
7) O Sr. José é dono _____ fazenda de café em São Paulo.
8) Um mecânico conserta _____ carro _____ oficina.

② 다음 문장을 문법에 맞게 해석하시오.

1) Moro numa rua famosa.
2) Sou professor duma faculdade.
3) Deposito dinheiro num banco.
4) Compro um dicionário numa livraria.
5) Procuro uma palavra num dicionário.
6) Um avião voa muitos quilômetros num dia.
7) O Sr. Paulo, pai de Pedro, é médico dum hospital.
8) Trabalha num escritório famoso.
9) Ele é grande exportador de açúcar.
10) João é brasileiro.

15 목적격 인칭대명사

		직접목적격	간접목적격	전치사의 목적격	
				com 이외의 전치사의 뒤	com 뒤
단수	1인칭	me	me	전치사 + mim	comigo
	2인칭	te	te	전치사 + ti	contigo
	3인칭	o, a	lhe	전치사 + ele · ela … (주격과 동형)	
복수	1인칭	nos	nos	전치사 + nós	conosco
	2인칭	vos	vos	전치사 + vós	convosco
	3인칭	os, as	lhes	전치사 + eles · elas … (주격과 동격)	

Meus alunos *me* visitam aos sábados.
나의 제자들은 매주 토요일에 나를 방문한다. (me : 직접목적격)
Paulo telefona-*me* hoje à tarde.
빠울루는 오늘 오후 나에게 전화한다. (me : 간접목적격)
Encontro-*a* todos os dias.
나는 매일 그녀를 만난다.
Os coreanos estudam inglês *comigo*.
한국인들은 나와 힘께 영어를 공부하고 있다.

1 직접목적격(~을), 간접목적격(~에게) 대명사는 실제로는 위의 3번째의 예와 같이 포어와 한국어에 있어 다른 것도 있다. 자동사는 간접목적어를 취하고, 타동사는 직접목적어나, 혹은 양쪽을 취한다. 그러므로 우선 동사가 자동사인가 타동사인가 확인해야 한다. 하나의 동사가 자동사로 또는 타동사로 쓰이기도 한다. 간접목적격의 대명사는 전치사의 목적격을 써서 바꾸어 쓸 수 있다.

Minha namorada sempre *me* escreve.
(=Ela sempre escreve *para mim*).
내 애인은 나에게 편지를 쓴다.(escrever 자동사)

Minha mãe *me* escreve uma carta.
(=Ela escreve uma carta *para mim*.)
어머니는 한 통의 편지를 나에게 쓴다. (escrever 타동사)

2 3인칭의 직접목적격 os는 남자·남성명사, as는 여자·여성명사에 대해서 쓴다. 이때 o는 「그를, 당신을, 너를, 그것을」 등 어떤 것인지 불확실함으로 회화체에서는 의미상의 2인칭에는 주격의 대명사가 그대로, 본래의 3인칭에는 「직접목적어를 강조하는 전치사 a + 주격과 동형」이 쓰이는 일이 많다.

Não compreendo *o senhor*. (=Não o compreendo.)
저는 당신이 말하는 것을 모르겠습니다.
Visito *a ela* todas as semanas. (=Visito-a todas as semanas.)
나는 매주 그녀를 방문한다.

3 3인칭의 간접목적격 lhe·lhes도 또 의미상의 2인칭에 대해서도 쓰며, 남녀의 구별도 없다. 회화체는, 누구를 가리켜 말하고 있는가를 명확히 하기 위하여 전치사를 쓰는 형이(그·그녀·그들·그녀들에 대해서) 많고, lhe·lhes가 쓰이면, 그것은 의미상의 2인칭에 대해서인 것이라고 생각해도 좋다.

Eu pergunto muitas coisas *a ele*.
나는 그에게 많은 것을 질문한다.
Eu ensino português *para o senhor*.
Eu *lhe* ensino português.
나는 당신에게 포르투갈어를 가르친다.

> **주의!** 구어에서는 위의 마지막 두 예문은 같은 의미가 되나, 전치사를 써서 나타내면 「당신」이란 말이 보다 강조된다.

4 **간접목적격의 대명사의 뒤에 신체의 일부나 개인의 사유물**이 올 때에는, 이 대명사는 의미상은 소유형용사와 같은 기능을 갖게 된다. tirar「빼내다」, roubar「훔치다」, tomar「취하다」 등과 함께 쓰이면, 이 대명사는 「…로 부터」의 의미가 된다.

O barbeiro lava-*me* o cabelo.   그 이발사는 내 머리를 씻는다.
Ela *me* toca o vestido.   그녀는 내 옷을 건드린다.
O ladrão *me* rouba o dinheiro.   도둑이 나한테서 돈을 훔친다.

5 목적격 대명사의 위치

목적격 대명사가 동사와 결합할 때 놓일 수 있는 위치는 세 곳이 있다. 가장 정상적인 위치는 동사의 뒤이며, 동사의 앞, 또한 동사의 어간과 어미사이에 놓일 수 있다.

Calei-*me*   나는 입을 다물었다.(뒤에 놓인 경우)
Eu *me* calei   나는 입을 다물었다.(앞에 놓인 경우)
Calar-*me*-ei   나는 입을 다물것이다.(어간과 어미 사이에 놓인 경우)

▶ 여기서는 동사의 앞과 어간과 어미사이에 놓일 수 있는 경우들을 알아본다.

ⓐ **부정어** não, nunca, ninguém, jamais, nada 등이 있는 문장에서는 동사의 앞에 온다.
Ninguém *te* ama.   아무도 너를 사랑하지 않는다.
Não *o* conheço bem.   나는 그를 잘 모른다.

ⓑ **의문대명사와 의문부사**가 있는 문장에서도 동사의 앞에 나온다.
Quem *me* chamou?   누가 나를 불렀느냐?
Como *se* chama?   너의 이름이 뭐냐?

ⓒ **소망**을 표현하는 문장이나 **감탄문**에서도 동사의 앞에 온다.
Deus *te* abençoe!   하나님이 너를 축복하기를!
Que boa idéia *me* deu você!
너는 얼마나 멋진 생각을 나에게 주었는가!

ⓓ **관계절**에서도 앞에 온다.
Ele disse que *me* daria.   그는 나에게 줄 것이라고 말했다.

ⓔ **지시형용사, 대명사**로 시작되는 문장에서도 앞에 온다.
Este trabalho *me* cansa.   이 일은 나를 피곤하게 한다.
Isto *me* faz bem.   그것은 나에게 좋다.

ⓕ 직접 인용문에서도 앞에 온다.
"Faz calor," *lhe* dissemos.
"더워요"라고 우리는 그에게 말했다.
"Muito bem," *me* disse a professora.
"아주 좋아," 선생님이 나에게 말했다.

ⓖ 인칭대명사와 "당신"에 해당하는 포어의 어떤 단어라도 문장의 첫머리에 나오면 동사의 앞에 온다.
Eu *lhe* digo. 나는 너에게 말한다.
O senhor *me* dá um livro. 당신은 내게 책을 한 권 준다.

그러나 포도아에서는 동사의 뒤를 택한다.
Eu digo-*lhe*.

ⓗ já, logo, sempre, agora, assim, ainda, também, mal, bem, pouco 등의 **부사**로 시작되는 문장에서도 앞에 온다.
Ainda não *me* diz. 아직 나에게 말하지 않는다.
Agora *me* diga uma coisa. 나에게 말해봐.

그러나 부사의 뒤에 쉼표가 오면 동사의 뒤에 온다.
Agora, vamo-*nos* embora.

ⓘ **부정형용사, 대명사**(todo, tudo, alguém, alguma, qualquer, outro)들과 ambos가 문장의 첫머리에 있을 때도 동사의 앞에 온다.
Alguma coisa *me* diz. 뭔가가 내게 말한다.
Alguém *me* disse. 누군가가 내게 말했다.

 다음은 목적격 대명사가 동사에 선행할 수도 있고 뒤에 올 수도 있는 경우들이다.
① 전치사(a 와 em 제외)가 선행되는 Infinitivo의 경우
Para me ver 또는 Para ver-me 나를 보기 위해서
② infinitivo negativo의 경우
Não deve-se fazer isto.
③ 전치사가 선행되지 않는 infinitivo의 경우
Querendo-lhe dizer 또는 querendo dizer-lhe.
④ 문장의 주어가 고유대명사로 표시된 경우
Maria me viu 또는 Maria viu-me

그러나 동사가 재귀동사이면 목적격 대명사는 선행된다.
Maria se levantou. 마리아가 일어났다.
Kim se arrepende. 김군이 후회한다.

ⓚ **직설법 미래와 조건법** 시제에서는 목적격대명사가 동사의 어간과 어미사이에 놓인다.

    Aprendê-lo-ei.   그것을 배울 것이다.
    Aprendê-lo-ia.   그것을 배울 생각이었다.

▶ **동사의 어미가 -r ·· -s ·· -z로 끝날 때**는, 그것에 있는 직접목적격 o, os, a, as는 다음과 같이 각기 -lo, -los, -la, -las가 되어, 동사의 어미가 탈락한다. 악센트에 주의를 할 필요가 있다. 이 직접 목적격대명사는 정관사의 동형이나 정관사일 때는 이와 같이 변화하지 않는다.

    amar + o → amá-lo
    vender + os → vendê-los
    partir + a → parti-la
    falamos + o → falamo-lo
    faz + as → fá-las

▶ **동사의 어미가 비모음으로 끝날 때**에는, 그것에 있는 직접목적격 o, os, a, as는 각기 -no, -nos, -na, -nas가 된다. 그러나 브라질에서는 대명사를 동사의 앞에 놓고, 이 형태를 피하는 것이 보통이다.

    falam + o → falam-no
    entendem + a → entendem-na

 간접목적격과 직접목적격의 대명사가 동시에 있을 때에는 결합한다. 그러나 브라질에서는 잘 쓰이지 않는다.

    me + o [os · a · as] → mo [mos · ma · mas] 나에게 그것을
    te + o [os · a · as] → to [tos · ta · tas]
    lhe + o [os · a · as] → lho [lhos · lha · lhas] 그에게 그것을
    nos + o [os · a · as] → no-lo [-los · -la · -las]
    vos + o [os · a · as] → vo-lo [-los · -la · -las]
    lhes + o [os · a · as] → lho [-lhos · -lha · -lhas]

▶ 포포와 브포의 **목적격대명사의 차이**

A. você의 목적격은 o, a, lhe이나 브라질에서는 você 또는 para você로 대치된다.

    (브) Acho você mais magro.
    (포) Acho-o mais magro.
        네가 더 야윈것 같다.

- (브) Comprei isto para você.
- (포) Comprei-lhe isto.
  너를 위해 이것을 샀다.
- (브) Queria falar com você (com o senhor).
- (포) Queria falar consigo.
  당신과 대화를 하고 싶습니다.

B. 주격인칭대명사 ele(s), ela(s)가 브라질에서는 교양 있는 사람은 물론 모든 사회계층에서 구어로 전치사 없이 목적격으로 쓰이는 특징을 갖고 있다.
- (브) Vi ele.
- (포) Vi-o. Vi-o a ele. (강조형)
  나는 그를 보았다.
- (브) Encontrei ela.
- (포) Encontrei-a. Encontrei-a a ela. (강조형)
  나는 그녀를 만났다.

그러나 목적격 앞에 todo나 só가 선행될 때는 주격을 써야 한다.

Vi só ele.   단지, 그만 보았다.
Encontrei todas elas.   그녀들 모두를 만났다.

C. 또한 vi-o, vi-a, eu o vi는 쉽게 viu, via, eu ouvi로 혼동하기 쉬우니 주의해야 한다.

연습문제

① 줄친 부분을 목적격으로 바꾸고 번역하시오.

1) João conhece <u>Rafaela</u>.
2) Eu não compreendo <u>aquelas moças</u>.
3) Ela telefona <u>para nós</u> todos os dias.
4) Paula sempre escreve <u>para ele</u>.
5) Compra <u>esta mesa</u>.
6) Eu escrevo uma carta <u>para ele</u>.
7) Vou oferecer um jantar <u>para eles</u>.
8) Eu vejo <u>o irmão</u>.
9) Nós vimos <u>as moças</u> no circo.
10) Lúcia visita <u>você</u> hoje?
11) Mário fecha <u>as janelas</u>.
12) Ela compra <u>a pasta</u>.
13) Quero aprender <u>esta música</u>.
14) Não posso abrir <u>a porta</u>.
15) Vou preparar <u>o aperitivo</u>.
16) Amanhã vamos visitar <u>nossos amigos</u>.
17) Quero ver <u>o diretor</u>.

16 소유형용사 · 소유대명사

			기본형			
			남성 명사		여성 명사	
			단수	복수	단수	복수
소유자	단수	1인칭	meu	meus	minha	minhas
		2인칭	teu	teus	tua	tuas
		3인칭	seu	seus	sua	suas
	복수	1인칭	nosso	nossos	nossa	nossas
		2인칭	vosso	vossos	vossa	vossas
		3인칭	seu	seus	sua	suas

Ela gosta muito do *meu* amigo.
그녀는 내 친구를 대단히 좋아한다.
Sua família está no Brasil.
너의 가족은 브라질에 있다.
Este carro é *meu* ou *seu* ?
이 차는 내 것이냐 ? 너의 것이냐?

1 소유형용사는 대명사로서도 쓰이며, **소유자의 성에는 전혀 관계가 없다**. 소유형용사는 수식하는 명사의 성·수와 일치하고, 보통은 명사의 앞에 놓이어 정관사를 붙이거나 붙이지 않아도 상관없다.
단, **부정관사 · 수사 · 지시사 · 부정형용사 등을 수반할 때에는 명사의 뒤**에 놓인다.

(o) meu pai.　　나의 아버지
(a) nossa terra　우리나라
um amigo *meu* (=um dos meus amigos)
한 사람의 나의 친구
este erro *seu*　너의 이 실수

2 3인칭의 경우, seu는 문법적으로는 「그의, 그녀의, 너의, 당신(남·녀 둘 다의 경우)의」, seus는 「그들의, 너희들의, 당신들(남·녀 둘 다의 경우)의」라는 의미가 된다. 소유자를 명확히 하고 싶을 때에는 「소유를 나타내는 전치사 de+인칭대명사」, 즉, dela(s)와의 결합형, de você(s), do(s) senhor(es)·da(s) senhora(s)라는 형을 명사의 뒤에 붙인다. 특히 회화에서는 seu(s), sua(s)는 의미상의 2인칭을 가리키고, 3인칭에는 이 de의 결합형으로 쓰인다.

> *Sua* cidade natal é o Rio?
> 당신이 태어난 도시는 리우입니까?
> Eu quero falar com o noivo *dela* amanhã.
> 나는 내일 그녀의 약혼자와 말하고 싶다.

 이 de를 쓴 형태에 의해 수식 받는 명사에는 정관사가 필요하다.

3 가족 관계를 나타내는 명사, 특히 단수일 때에는, 정관사를 붙이지 않는다.

> *Meu primo* trabalha no escritório de *meu pai*.
> 나의 사촌은 나의 아버지 사무실에서 일하고 있다.

4 **주격보어**로서 쓰인다.

> Esse cigarro é *seu*.
> 그 담배는 너의 것이다.
> Este relógio é *seu* ou *dela* ?
> 이 시계는 당신의 것입니까? 혹은 그녀의 것입니까?

5 **소유대명사로서 쓰일 때는 항상 정관사를 수반**하고, 이전에 등장한 명사를 나타내는 것으로 그 명사의 성·수에 일치한다.

> Compro livros, porque *os meus* estão muito usados.
> 나는 책을 산다. 왜냐하면 내 것은 너무 오래 썼으니까.
> Aqui está minha mesa e *a sua* está aí.
> 나의 책상은 여기에 있고 당신 것은 거기에 있다.

6 소유형용사는 원칙으로서 「de+인칭대명사」의 형을 대신하는 것으로 생각되므로, 경우에 따라서 소유의 의미를 전혀 갖지 않는 일이 있다.

a respeito de *mim* = a *meu* respeito
나에 관해서
em frente *de você* = em *sua* frente
네 앞에
Alguém está ali à *sua* procura.
저기에 당신을 찾아 누가 와 있습니다. (à procura de … 「…을 찾아서」)
O professor está à *sua* espera.
교수님이 당신을 기다리고 있습니다.

Os mais pobres do mundo

　　Com a onda de seqüestros e violência, há muita gente escondendo a fortuna, disfarçando-se de pobre, fingindo passar fome, para enganar os bandidos. Foi por isso que Tutuquinha, rebento dourado de família das mais ricas e tradicionais, assim que começou a freqüentar a escola, recebeu, além dos seguranças que o acompanhavam no caminho, severas instruções. Tinha de dizer que era muito pobre, que sua família não possuía nada, que viviam na mais extrema penúria.
　　Logo no primeiro dia, a professora pediu a cada aluno que escrevesse sobre si mesmo, sua casa, sua família, para que se conhecessem uns aos outros. Tutuquinha fez assim seu relatório:
　　– Eu sou muito pobre. Meu pai e minha mãe são pobres. O banco do qual meu pai é presidente é pobre, pobre. James, nosso mordomo, coitado, é ainda mais pobre. O cozinheiro francês, então, é mais pobre do que o James. Mas, mesmo assim, o cozinheiro francês ainda é mais rico do que o tratador da piscina, que anda sempre de macacão. Agora, pobre, pobre de verdade, é o salva-vidas de nossa piscina olímpica. Precisa ver, coitado, não tem nem roupa para vestir, só anda o tempo todo de calção de banho...

연습문제

1 다음을 번역하시오.

1) Sua casa é grande ou pequena?
2) Sua amiga está no Brasil?
3) Este relógio é meu ou dele?
4) Paulo sempre estaciona seu carro em frente do seu apartamento.
5) Minha mãe gosta de convidar suas amigas para tomar café.
6) Maria sempre estuda minhas lições à tarde.
7) A casa dela está em Seul.
8) Acabamos de falar com pais delas.
9) A aluna escreve seu nome a lápis.
10) Seu amigo vai almoçar aqui.
11) Seus livros estão no armário.
12) Meu país é muito grande.
13) O marido de sua filha é um homem difícil.

2 다음의 문장의 빈칸에 적합한 소유형용사를 사용하여 완성하시오.

1) Nós pintamos as _____ casas de branco.
2) Eu vendi o _____ relógio.
3) Tu amas os _____ filhos?
4) Não gosto de visitar _____ cidade natal.
5) Eles foram passear com _____ carros.
6) O rapaz me emprestou _____ motocicleta.
7) Aqueles homens lavam _____ roupas na nossa lavanderia.
8) Nós todos temos o _____ tempo de morrer.

17 형용사와 부사의 비교급

Ele viaja *mais (do) que* o irmão dele.
그는 그의 동생보다 더 많이 여행한다.
Ela mora *mais longe (do)* que eu.
그녀는 나보다 더 먼 곳에 산다.
Paulo é *mais inteligente do que* Maria.
빠울루는 마리아보다 더 현명하다.
O Brasil *produz menos carros que* a Coréia.
브라질은 한국보다 자동차를 덜 생산한다.
Você está trabalhando *menos do que* eu.
너는 나보다 덜 일하고 있다.
Este livro é *tão bom quanto* aquele.
이 책은 저 책만큼 좋다.
Eles gastam *tão pouco quanto* nós.
그들은 우리만큼 돈을 적게 쓴다.
Eu estou com *tanta fome quanto* você.
나도 너 만큼 배고프다.

1 우등비교 : '…보다 …이다' 는 「**mais+형・부+(do) que**」의 형이다.

Ela *come mais (do) que* todo mundo.
그녀는 누구보다도 더 많이 먹는다.
A Coréia é *mais desenvolvida (do) que* a Bolívia.
한국은 볼리비아보다 더 발전되었다.
Paulo anda *mais depressa (do) que* Ana.
빠울루는 아나보다 더 빨리 걷는다.
Ele tomou *mais cerveja (do) que* eu.
그는 나보다 더 맥주를 많이 마셨다.

2 **열등비교** : '…보다도 적게 …이다' 는 「**menos+형·부+(do) que**」의 형이다.

Ele está trabalhando *menos do que* eu.
그는 나보다 일을 덜하고 있다.
José trabalha *menos aplicadamente (do) que* Carlos.
쥬제는 까를루스 만큼 열심히 일하지 않는다.

> 일반적으로 형용사를 부사로 만드는 데는,
> ⓐ -o로 끝나는 것은, 그것을 -a로 바꾸어 -mente을 덧붙인다.
>   certo 정확한 → certamente 정확하게
>   econômico 경제적인 → economicamente 경제적으로
> ⓑ 그 이외의 것은, 그대로 -mente을 덧붙인다.
>   feliz 행복한 → felizmente 행복하게
>   social 사회의 → socialmente 사회적으로
>   especial 특별한 → especialmente 특별하게
> 부사가 되면 형용사 때의 액센트는 자동적으로 -mente에 떨어진다.

3 다음의 형용사·부사는 **불규칙한 비교급**의 형을 갖고 있다.

(형용사)		(부사)		(비교급)	(최상급)
muito	많은	muito	많이	→ mais	
pouco	적은	pouco	적게	→ menos	
bom	좋은	bem		→ melhor	→ o melhor
mau, ruim	나쁜	mal		→ pior	→ o pior
grande	큰			→ maior	→ o maior
pequeno	작은			→ menor	→ o menor

Seul é a *maior* cidade da Coréia.   서울은 한국에서 제일 큰 도시다.
Paulo joga *melhor* (do) que eu.   빠울루는 나보다 더 운동을 잘한다.
Ela cozinha *pior (do) que* o marido dela.
그녀는 남편보다 요리를 잘 못한다.
A fábrica do nordeste é *maior (do) que* a fábrica do sul.
북동쪽의 공장은 남쪽 공장보다 더 크다.
A sala do diretor é *menor (do) que* a sala do presidente.
교장실은 회장실보다 더 작다.

4 다음의 **형용사**도 그 자체로 비교의 의미를 갖고 있으나 대신에 **전치사 a**를 취한다.

    anterior 이전의   posterior 이후의
    superior 우월한   inferior 열등한
    interior 내부의   exterior 외부의

    Esse acontecimento é *posterior ao* descobrimento do Brasil.
    그 사건은 브라질 발견 이후의 일이다.

5 '…수 이상', '…수 이하'는 각기 「**mais de**+**수사**」「**menos de**+**수사**」로 나타낸다.

    Nesta fábrica estão *mais de* 250 operários.
    이 공장에는 250인 이상의 직공이 있다.
    Aquele jogador de futebol pesa *menos de* 80 quilos.
    저 축구선수의 체중은 80kg 이하이다.

6 동등비교에는 2가지 형태가 있다. '…과 같을 정도로 …이다'의 경우는 **tão**+**형용사·부사**+**como**(또는 **quanto**)가 되고, '…와 같은 정도로 많이'는 ~**tanto** (+**명사**) **como**(또는 **quanto**)가 된다. 물론, muito란 의미의 형용사로 쓰이는 tanto는 그 뒤의 명사에 성·수 일치한다.

    Janeiro é *tão frio como* fevereiro.
    1월은 2월만큼 춥다.
    Jorge trabalha *tanto como* os colegas dele.
    죠르지는 그의 동료들만큼 많이 일한다.
    Eu senti *tanto medo quanto* você.
    나도 너만큼 두려움을 느꼈다.
    Eu sei *tanto quanto* você.
    나도 너만큼 안다.

7 '대단히 …임으로 …한다', '대단히 많은 …이므로 …한다'는 각기 **tão**+**형용사·부사** +**que, tanto** (+**명사**+) **que...**로 나타낸다.

    Este rádio é *tão* caro *que* não o compro.
    이 라디오는 너무 비싸 나는 그것을 사지 않는다.

Ela fala *tão* baixo *que* não a percebo.
그녀는 너무 작은 소리로 말하므로 나는 그녀의 말을 알아들을 수 없다.
Estou com *tanta* fome *que* janto cedo.
나는 너무 배가 고파서 일찍 저녁식사를 한다.
Ele come *tanto que* estamos admirados.
그는 너무 먹으므로, 우리는 놀랐다.

8 '…하면 할수록, 더욱더 …해진다' 는 **(quanto+)** 비교급… **(tanto+)** 비교급으로 나타낸다.

Quanto mais ganha, *tanto* mais quer.
사람은 가지면 가질수록 더 원한다.

※ 비교: '…와 같은', '…와 다른'을 표현하는 아래와 같은 형태도 있다.

Seu livro é *igual ao* meu.
너의 책은 나의 책과 같다.
Minha casa é *igual a* essa.
나의 집은 이 집과 같다.
Seu presente é *diferente do* meu.
너의 선물은 내 선물과 다르다.
Aquele carro é *diferente* desse.
저 차는 그 차와는 다르다.

18 형용사와 부사의 최상급

> A montanha Diamante é *a mais bonita da* Coréia.
> 금강산은 한국에서 제일 아름답다.
> José é *o menor aluno da* classe.
> 쥬제는 학급에서 가장 작은 학생이다.
> Este moço é *o menos estudioso de* todos.
> 이 청년은 모든 이 가운데서 가장 학구적이 아니다.
> Pedro aceita o *mais difícil trabalho* do banco.
> 뻬드루는 은행에서 제일 어려운 일을 맡는다.
> *A maior cidade do* Brasil é São Paulo.
> 브라질에서 가장 큰 도시는 상 빠울루이다.
> O Rio é *a cidade mais bonita do* Brasil.
> 리우는 브라질에서 가장 아름다운 도시이다.

1 최상급

1) 비교최상급

비교최상급에는 우등비교 최상급과 열등비교 최상급이 있다.

▶ **우등**비교 최상급:「**정관사+mais+형용사+de, entre**」

　Esta aluna é *a mais estudiosa de* todos.
　이 여학생은 모든 사람들 중에서 가장 학구적이다.
　Sou *a mais bonita da* classe.　나는 학급에서 가장 아름답다.

▶ **열등**비교 최상급:「**정관사+menos+형용사+de, entre**」

　Paulo é *o menos aplicado de* todos.
　빠울루는 모든 사람들 중에서 가장 근면하지 않다.
　Este rapaz é *o menor de* todos.
　이 청년은 모든 사람들 중에서 가장 작다.

2) 절대 최상급

어떤 존재나 물체가 다른 비교 대상이 없는 상황에서 최상임을 나타내는 것으로써 복합 절대 최상급과 단순절대 최상급이 있다.

▶ **단순**절대 최상급

단순절대 최상급은 형용사의 어미에 -íssimo 를 붙여 만든다.

ⓐ 모음 -o, -e, -a로 끝나는 형용사는 -o, -e, -a를 제하고 -íssimo 를 붙이며 -l, -r, -s 어미는 변화없이 -íssimo 만 붙인다.
caro 비싼 – car*íssimo* 아주 비싼
bonita 아름다운 – bonit*íssima* 아주 아름다운
forte 강한 – fort*íssimo* 아주 강한

ⓑ -vel 로 끝나는 형용사는 -vel을 -bil로 변화시켜 -íssimo를 붙인다.
amável 사랑스러운 – amab*ilíssimo* 아주 사랑스러운
terrível 무서운 – terrib*ilíssimo* 아주 무서운

ⓒ -ão, -m 어미의 형용사는 -an, -n으로 변화시켜 -íssimo를 붙인다.
comum 보통의 – comun*íssimo* 아주 보통의
são 성스러운 – san*íssimo* 아주 성스러운

ⓓ -z는 -c로 변화시켜 -íssimo를 붙인다.
feliz 행복한 – felic*íssimo* 아주 행복한
feroz 사나운 – feroc*íssimo* 아주 사나운

ⓔ 불규칙 절대 최상급을 갖는 형용사는 다음과 같다.
bom 좋은 – ótimo 아주 좋은
mau 나쁜 – péssimo 아주 나쁜
fácil 쉬운 – facílimo 아주 쉬운
difícil 어려운 – dificílimo 아주 어려운
grande 큰 – máximo 아주(가장) 큰
pequeno 작은 – mínimo 아주(가장) 작은
fiel 충실한 – fidelíssimo 아주(가장) 충실한

▶ **복합**절대 최상급

형용사 자체를 변화시키지 않고 excessivamente, extremamente, muito, pouco, nada, bastante 등의 **부사를 덧붙여** 만든다.

O cavalo é *muito* elegante.　　　말은 아주 우아하다.
Ele é *excessivamente* rico.　　　그는 지나치게 부자이다.

① 비교급에 주의하여 번역하시오.

1) Ele é mais inteligente do que o irmão dele.
2) Ela é tão feliz quanto você.
3) Esta praça é maior do que o jardim.
4) Meu carro é melhor que o seu.
5) A China é tão grande como a Coréia?
6) Um café é tão caro como um guaraná?
7) Este país enfrenta tantos problemas quanto aquele.
8) O edifício das Nações Unidas é mais antigo que o Coliseu de Roma?
9) O dicionário é menos útil do que o livro, mas é mais caro.
10) Quanto mais ganha, tanto mais quer.
11) A casca da pera é mais grossa do que a da maçã.
12) O português é mais fácil do que o chinês?
13) A aula de Geografia é menos interessante do que a de Português?
14) A banana é menos doce do que o melão.
15) Ele é mais inteligente do que sentimental.
16) Ela bebe tanto como eu.
17) Seul é mais perto de Lisboa que o Rio?
18) Lisboa é maior que São Paulo?
19) O Monte Everest é o mais alto do mundo?
20) A Costa do Sol é tão conhecida como a praia de Copacabana?

19 Ter 동사의 직설법 현재

(Eu) tenho	나는 가지고 있다	(Nós) temos	우리는 가지고 있다
(Tu) tens	너는 가지고 있다	(Vós) tendes	너희들은 가지고 있다
(Ele) tem	그는 가지고 있다	(Eles) têm	그들은 가지고 있다

Tenho muitos amigos.
나는 친구가 많다.
Sua casa *tem* três quartos e uma sala grande.
너의 집에는 세 개의 침실과 큰 거실이 있다.
Maria *tem* dezoito anos.
마리아는 18세이다.
Tem muitos jornais nessa banca.
이 신문가판대에는 많은 신문이 있다.
Você *tem* que ficar na biblioteca até a meia-noite.
너는 자정까지 도서관에 있어야 한다.

1 용법

1) **소유**를 나타내며 목적어로 물질명사 혹은 추상명사를 취한다.
 Que (é que) você *tem* na mala? - *Tenho* cinco livros.
 가방에 무엇을 가지고 있느냐? – 나는 책을 다섯 권 가지고 있다.

 주의! é que는 강조구문으로 다른 의미를 갖고 있지는 않다.

 Aquele médico tem três irmãos e uma irmã.
 저 의사는 세 명의 형제와 한 명의 누나가 있다.
 Tenho prova hoje.   나는 오늘 시험이 있다.
 Tenho dor de estômago. 나는 배가 아프다.

 주의! 이때 일시적인 상태를 나타내는 경우 브라질에서는 estar com 동사구문을 사용한다.

2) 항상 3인칭 단수형으로 쓰일 때는 존재를 나타내며 유도부사로서 특별한 뜻이 없이 영어의 There is(are)의 뜻이고 사물이나 사람이 tem의 뒤에 놓인다. 한편 정관사로 한정된 명사는 안 된다. 이 경우 estar를 대신 쓴다.

> *Tem* muitos coreanos no Brasil.
> 브라질에는 많은 한국인이 있다.
> Aqui *tem* um problema sério.
> 여기 심각한 문제가 하나 있다.
> Lá *tem* uma pianista.
> 저기 피아니스트 한 사람이 있다.
>
> ※ 비교: Lá *está* a pianista. 저기 그 피아니스트가 있다.

▶ **Ter que(de) + 동사원형**　　「…해야만 하다」

> Tenho que estudar.　　나는 공부를 해야만 한다.
> Eu tenho de partir agora.　　나는 지금 떠나야 한다.

▶ 관용적인 표현들

> Não tem importância.　　괜찮다('Desculpe'에 대한 대답).
> Não tem pé nem cabeça.　　내용이 없다. 두서가 없다.
> Não tem outro remédio.　　다른 방법이 없다.
> Não tem dúvida.　　의심할 여지가 없다(sem dúvida의 뜻).
> Não tem jeito.　　방법이 없다.
> Não tenho nada com esse negócio.
> 나는 그 일과는 전혀 관계가 없다.
> (não ter nada com…는「…와 전혀 관계가 없다」)
> Você não tem razão.　　네가 틀리다.
> Vocês têm muito gosto por estudo.
> 너희들은 공부하기를 매우 좋아한다.(ter gosto por…는「…하기 좋아하다」)
> Eles têm interesse em estudar português.
> 그들은 포어를 공부하는데 관심이 있다.
> (ter interesse em…는「…에 관심·흥미가 있다」)
> O professor sempre tem tempo para(de) ler?
> 선생님은 늘 독서할 시간이 있습니까?
> (ter tempo para(de)…는「…할 시간이 있다」)

연습문제

1. 다음의 ter(습관적)동사의 용법과 estar com(일시적)의 용법을 잘 이해하고 비교 번역하시오.

> **보기**
>
> Você tem medo de viajar de avião?
> 너는 비행기를 타는 것이 항상 두렵니?
> Vou viajar amanhã. Estou com medo de tomar o avião.
> 나는 내일 여행한다. 비행기 타는 것이 겁난다(일시적).
> Tenho muita sede quando faz calor.
> 나는 더울 때 갈증이 난다.
> Vou beber um copo d'água. Estou com sede.
> 나는 물을 한 잔 마실 거다. 목이 마르다.

1) Quando chego do trabalho, eu nunca tenho vontade de sair.
   Hoje à noite eu não vou sair. Estou com vontade de assistir a um filme na televisão.
2) Ele tem dor de cabeça todos os dias. Coitado!
   Não façam barulho, criança. Papai está com dor de cabeça.
3) Eu tenho fome antes de me deitar. Sempre preciso comer alguma coisa.
   Vamos almoçar? Estou morrendo de fome!
4) Você sempre tem preguiça de fazer exercícios?
   Você está com preguiça de fazer os exercícios?
5) Geralmente, eu tenho muito frio quando me levanto, de manhã.
   Você está com frio? Quer um cafezinho?
6) Ele faz tudo muito devagar. Ele não tem pressa.
   Você podia chamar um táxi para mim? Estou com muita pressa.
7) Quando eu tomo cerveja no almoço, eu sempre tenho sono depois.
   Estou com muito sono! Vou me deitar. Boa noite.

2 다음의 표현들을 ter 동사를 써서 다시 쓰고 번역하시오.

1) Eu estou com frio.
2) Eu estou com calor.
3) Eu estou com sono.
4) Eu estou com medo.
5) Eu estou com pressa.
6) Eu estou com fome.
7) Eu estou com raiva.
8) Eu estou com vontade de sair.
9) Eu estou com dor de cabeça.
10) Eu estou com enxaqueca.
11) Eu estou com dor de estômago.
12) Eu estou com dor de dente.
13) Eu estou com dor de ouvido.
14) Eu estou com sede.
15) Eu estou com preguiça.

3 다음의 문장에 ter 동사의 알맞은 형태를 써넣으시고 번역하시오.

1) O senhor _____ carro?
   Não, eu não _____.
2) Quando é que vocês _____ aula?
   _____ aula à tarde.
3) Paulo nunca _____ cheque, mas sempre _____ dinheiro.
4) Quantos irmãos vocês _____?
   _____ dois irmãos e duas irmãs.
5) Você _____ medo de fantasmas?
   Medo eu não _____ não, mas acredito neles.
6) Os senhores _____ tempo agora?
   Agora não, mas mais tarde _____ uma folga.

20 Haver 동사의 직설법 현재

(Eu) hei	(Nós) havemos
(Tu) hás	(Vós) haveis
(Ele) há	(Eles) hão

Há muita gente na praia. 해변에는 많은 사람이 있다.
Há um ano que estudamos português.
우리가 포어를 배운 지가 일 년이 된다.
Trabalho nesta universidade *há* 20 anos.
내가 이 대학교에서 근무한 지가 이십 년이 된다.

1 용법

영어의 have와 같은 의미를 가지면서도 그 용법은 많이 다르다. 가장 많이 사용되는 형태는 3인칭 단수의 há 뿐이다.

1) 항상 **3인칭 단수형으로 존재**를 나타낸다. Ter의 용법처럼 사용되는데 ter보다 는 구어적으로 덜 쓰인다. 그러나 브라질에서는 há 대신 ter를 사용하고 있다.

Há vinte alunos nesta sala.	이 교실에는 20 명의 학생이 있다.
Há duas provas por mês.	시험이 한 달에 두 번 있다.
Há muita gente no escritório.	사무실에는 많은 사람이 있다.
Há muitas estrelas no céu.	하늘에는 별이 많다.

2) Há는 문장에서 **과거시간을 지시**하며 주어가 없는 문장에서 **존재**를 나타낸다.

Estava desempregado *há* algum tempo.
내가 얼마 전에 직장을 잃었다.
Há dois dias o telefone está mudo. 전화가 고장난 지가 이틀 되었다.
Viajaram *há* duas horas atrás. 두 시간 전에 그들은 여행을 하였다.

한편 관용적인 표현 속에서도 찾아볼 수 있다.

Você pode me ajudar?　　나를 도와주실 수 있습니까?
Claro, *não há problema*.　　물론이죠, 문제 없습니다.
Terminei o trabalho *há* duas horas.　나는 두 시간 전에 그 일을 끝냈습니다.

3) 「**haver de** + 동사의 원형」으로 「…할 작정이다, 하지 않으면 안 된다, 반드시 …할 것이다」 등의 필요 또는 의지를 표현한다.

Há de casar com ela.　　그는 그녀와 결혼을 꼭 해야한다.
Há de haver uma solução para o caso.
그것에 대한 해결책이 반드시 있을 것이다.
O ônibus há de chegar no horário.
그 버스는 시간표대로 도착할 것이다.

 한편 동사 *há*와 발음이 같은 a와의 구별을 할 수 있어야 한다.

Ele chegou ao Brasil *há* dez dias da Coréia.
그는 10일 전에 한국으로부터 도착하였다. - 과거
위의 문장은 한국으로부터 도착하여 지금은 브라질에 있다는 것을 내포한다
(Ele está no Brasil agora. 그는 지금 브라질에 있다.)
Daqui *a* dez dias ele vai à França.
그는 10일 후에 프랑스로 갈 것이다. - 미래

4) há가 쓰인 다음의 문장들을 **다른 동사를 사용하여 달리 표현**하면 다음과 같다.

Há quanto tempo você mora aqui?
　→ Quanto tempo *faz que* você mora aqui?
여기에 산지가 얼마나 되십니까?

Eu moro aqui *há* dois anos.
　→ *Faz* dois anos *que* moro aqui.　여기 산지가 이 년 됩니다.

Onde *há* uma farmácia?
　→ Onde *tem* uma farmácia?　약국이 어디에 있습니까?

Não *há* lugar como esse.
　→ Não *tem* lugar como esse.　이곳과 같은 장소는 없습니다.

Você não soube o que *houve* comigo?
　→ Você não soube o que *aconteceu* comigo?
당신은 제게 무슨 일이 일어났는지 몰랐습니까?

21 부정형용사와 부정대명사

가변성		불변성
남성	여성	
algum(alguns)	alguma(algumas)	alguém
nenhum(nenhuns)	nenhuma(nenhumas)	ninguém
todo(todos)	toda(todas)	tudo
outro(outros)	outra(outras)	outrem
muito(muitos)	muita(muitas)	nada
pouco(poucos)	pouca(poucas)	cada
certo(certos)	certa(certas)	algo
vário(vários)	vária(várias)	
tanto(tantos)	tanta(tantas)	
quanto(quantos)	quanta(quantas)	
qualquer(quaisquer)	qualquer(quaisquer)	

1 용법

1) **alguém, ninguém, tudo, outrem, algo, nada**들만이 명사적 대명사이며, 나머지는 형용사적 대명사이지만 어떤 경우에는 명사적으로 쓰이기도 한다.

   Muitos alunos fizeram exame, mas *poucos* foram aprovados.
   많은 학생들이 시험을 보았지만 몇 명만이 통과하였다.

2) **certo**는 명사적으로 사용되지 못하며 cada, qualquer 역시 명사나 대명사 또는 기수를 동반해야 한다.

   Certos amigos não apareceram.　어떤 친구들은 오지 않았다.
   Cada caderno custa 10 reais.　각 공책은 10 헤아이스이다.
   Qualquer prazer me agrada.　어떤 기쁨이든 나를 즐겁게 한다.

3) **algum**

▶ algum 이 명사의 앞에 오면 긍정적인 의미로, 단수일 때는 '어떤'의 의미를 지니고, 복수 alguns, algumas이면 '얼마의' 라는 뜻이다.

Você tem *alguma* idéia?
너는 어떤 생각을 갖고 있니?
Você quer fazer *alguma* coisa para o departamento.
너는 학과를 위해서 뭔가를 하고 싶어한다.
Compro *alguns* livros.
나는 책 몇 권을 산다.
Que estranho! Será que aconteceu *alguma* coisa?
이상도 하다! 무슨 일이라도 일어난 것일까?

 algum은 부정문에서 명사의 뒤에 놓여 nenhum보다 더 강조의 의미가 된다.
Não conheço pessoa alguma(nenhuma pessoa · ninguém) aqui.
나는 여기 아무도 모른다.

4) **nenhum**

nenhum은 algum의 부정형으로써 형용사적 부정대명사이며 일반적으로 명사의 앞에 온다.

Ele não recebeu *nenhuma* carta essa semana.
그는 이번 주 아무 편지를 받지 못했다.
Não tenho dificuldade *nenhuma*.
나는 아무런 어려움도 없다.

 nenhum과 nem um은 같은 뜻을 지니고 있으며 원래는 nem um을 간결하게 한 단어로 축소시킨 것이 nenhum이다. 그러나 nenhum은 부정적 의미를 일반화할 때 쓰이고 nem um은 부정을 개별화할 때 쓰인다.
Não tenho *nenhum* amigo.
나는 친구가 하나도 없다.
Não tenho *nem um* amigo.
나는 친구가 한 사람도 없다.

5) **ninguém**

nenhuma pessoa라는 의미이며 명사적 부정대명사이다.

Não tem *ninguém* lá.   거기에는 아무도 없다.

그러나 ninguém 이 동사의 뒤에 오는 경우는 부정사 não이 동사의 앞에 위치한다.

> Não sabe *ninguém* quem tem razão.
> 일리가 있는 사람을 아무도 알지 못한다.

6) **algo**

alguma coisa 라는 의미를 지닌 명사적 부정대명사이다. 이것은 부사로 쓰일 때 '약간' 의 의미를 갖는다.

> Estou *algo* cansado.   나는 약간 피곤하다.
> Queria comer *algo*(=alguma coisa).   무엇인가를 먹고 싶다.

7) **alguém**

alguma pessoa 라는 의미를 지닌 명사적 부정대명사이다.

> *Alguém* sabe o telefone do Pedro?
> 누가 뻬드루의 전화번호를 아느냐?

8) **cada**

▶ cada 는 '각각, 각기, 각자' 라는 의미를 지닌 부정대명사로서 형용사적으로 쓰이며 단수명사 앞에서만 사용된다.
Cada terra tem seu uso.
각 나라마다 그만의 습관을 가지고 있다(속담).

▶ cada um, cada qual 은 명사적 역할을 한다.
Cada qual com seu igual.
유유상종

▶ cada + 기수 + 복수명사는 '…마다' 의 의미를 지닌다.
Faz a prova em *cada 30 dias*.
30일마다 시험을 본다.

 cada가 원래의 의미를 떠나 '지독한, 심한' 의 의미로도 쓰인다.
    Você tem *cada* idéia!
    너 지독한 생각을 가졌구나!

9) **certo**

▶ 명사의 앞에 오면 '어떤'의 의미를 가진다.
Não concordo com *certo* aspecto deste plano.
나는 이 계획의 어떤 면에 동의하지 않는다.

▶ 뒤에 오면 seguro, verdadeiro, exato, fiel 또는 constante 와 같은 의미를 지닌다.
Ela tem certos amigos que não são amigos *certos*.
그녀는 진짜 친구가 아닌 여러 친구를 가지고 있다.

10) **todo**

▶ todo는 영어의 each, any, all 등과 같은 의미를 지닌다.
Todo homem tem direito ao trabalho.
모든 사람은 노동에 대한 권리를 갖는다.
Toda mulher é simpática.
모든 여인은 착하다.

※ 비교 : 그러나 복수로 사용될 때는 정관사가 붙는다.
Todos os dias ela aparece aqui.
그녀는 매일 여기에 온다.
Todos os homens têm direito ao trabalho.
모든 사람은 노동에 대한 권리를 갖는다.

▶ 단수에 **todo o** 의 형식을 취하면 **inteiro**의 뜻이 된다.
Pedro trabalha *todo o* dia em casa.
뻬드루는 하루 종일 집에서 일한다.
Ela trabalha *toda a* semana na cozinha.
그녀는 일주일 내내 부엌에서 일한다.
Ele viaja *todo o* país.
그는 전국을 여행한다.

 명사 뒤에 todo가 놓이면 역시 inteiro의 의미를 가진다.
Todo cavalo é útil, mas o cavalo *todo* não é útil.
모든 말은 유용하지만 말의 몸 전체가 유용하지는 않다.

▶ todo mundo, toda a gente는 '모든 사람들'이라는 의미로 쓰이는데 전자는 브라질에서 후자는 포르투갈에서 많이 사용한다.
Todo mundo toma parte no Carnaval.
모든 사람이 카니발에 참가한다.

▶ **부사**로써 사용되면 '전체적으로, 철저하게, 완벽하게, 모든 것이' 등의 의미를 지닌다.
A porta está fechada *toda*.   문이 완전히 닫혀있다.
A pesquisa já terminou *toda*.   연구가 전체적으로 끝났다.

11) tudo

Tudo는 todo의 중성형으로서 일반적으로 사물을 언급할 때 쓰이며 사람에게도 사용할 수 있다.

Tudo está em ordem.   만사형통이다.
Nem *tudo* que reluz é ouro.   반짝인다고 해서 모든 것이 금은 아니다.
O Pedrinho comeu *tudo*.   뻬드링유가 다 먹어버렸다.

오늘날의 포어에서는 tudo que보다 tudo o que를 더 많이 사용한다.
Tudo o que Maria lhe fez é impossível.
마리아가 그에게 한 모든 것은 불가능하다.
Tudo o que se exalta será humilhado, e *tudo o que* se humilha será exaltado.
자기를 높이는 자는 낮아지고 자기를 낮추는 자는 높아진다.

12) outro

▶ outro가 명사의 앞에 나오면 일반적으로 '다른'의 뜻이 된다.
Procurei uma palavra no *outro* dicionário.
나는 다른 사전에서 낱말을 찾았다.

▶ 명사적으로 사용될 때는 일반적으로 관사가 붙지 않는다.
Este chapéu não me convém, mostre-me *outro*.
이 모자는 내게 맞지 않는다. 나에게 다른 것을 보여주시오.
Uns vieram, *outros* não.
몇몇은 오고 다른 몇몇은 오지 않았다.

13) **nada**

nenhuma coisa existente라는 의미로서 '없음'을 뜻한다.

Não há *nada* de novo.   새로운 것이 하나도 없다.
Não fiz quase *nada*.   거의 아무 것도 하지 않았다.

그러나 nada는 형용사나 자동사와 함께 쓰여서 부사의 역할을 하기도 한다.

Pedro não é *nada* triste.
뻬드루는 전혀 슬프지 않다.

14) **pouco**

▶ '적은, 작은, 소량의, 약간의'라는 의미를 가지며 특별히 강조할 때를 제외하고는 보통 생략한다.

Tenho *poucos* livros.
몇 권 안 되는 책을 가지고 있다.
Tenho *poucos* sapatos.
몇 켤레 안되는 구두를 가지고 있다.

▶ 명사적으로 쓰일 때는 '조금, 소량'의 의미를 가진다.

Muitos *poucos* fazem muito.
아주 적은 많은 것이 큰 것을 이룬다(티끌 모아 태산).
Mais vale *pouco* do que nada.
적더라도 없는 것보다 낫다.

'약간'은 um pouco de, '많은'은 uma porção de 또는 muito를 사용하여 표현한다.

Tenho *um pouco de* dinheiro no meu bolso.
내 주머니에 돈이 약간 있다.

15) **tanto(tanta, tantos, tantas)**

단수일 때는 **양**을 의미하고 복수일 때는 수를 의미하는 형용사이다.

Não posso vê-lo *tanto* tempo.
오랫동안 너를 보지 못한다.
Vieram setenta e *tantas* pessoas.
70여 명이 왔다.

명사적일 때는 '그만한 양(수)' 라는 의미이다.

>Recebeu *tanto* por mês.　　매 달마다 그만큼 받았다.
>Outro *tanto*.　　또 다른 그만큼의 양.

16) qualquer(quaisquer)
'어떤 것이든, 무엇이든, 누구이든' 의 의미를 가진다.

>*Qualquer* homem faz isso.
>누구든지 그것을 한다.
>Ele sempre trabalha com *qualquer* fim.
>그는 항상 어떤 목적을 가지고 일한다.
>Ele fez o trabalho sem *qualquer* dificuldade.
>그는 그 일을 어떤 어려움도 없이 했다.

17) ambos(ambas)
'양쪽의, 쌍방의' 의 의미를 가진다.

>*Ambos* os dois são brasileiros.
>양쪽 다 브라질사람이다.
>*Ambas* as palavras são sinônimas.
>두 단어는 동의어이다.

18) mesmo(mesma, mesmos, mesmas)
'동일한' 의 의미를 가진다.

>O homem competente pratica uma porção de coisas ao *mesmo* tempo.
>유능한 사람은 동시에 많은 일을 한다.

 mesmo는 명사, 형용사, 부사, 동사 뒤에 놓여지면 **강조**의 의미를 나타낸다.
또 o mesmo(=a mesma coisa)의 형태인 중성대명사로서 사용된다.
Nós *mesmos* procuramos a solução do problema.
우리 자신이 그 문제의 해결책을 찾았다.
Ela quer *mesmo* sair.
그녀는 정말 나가고 싶어한다.
Isso redunda no *mesmo*.
그것은 같은 것이 된다.(redundar em... 「…의 결과가 되다」)

연습문제

1) 다음을 번역하시오.

1) Na biblioteca da escola há muitos livros. Estão lá sempre muitos alunos a estudar.
2) Vou ao supermercado, porque há pouco leite. A esta hora há lá pouca gente a fazer compras.
3) Não gosto deste livro. Vou ler outro.
4) Não há outra pessoa para fazer este trabalho?
5) - Há algum exercício para corrigir?
   - Não, não há nenhum.
6) - Tem algum amigo no Canadá, Steve?
   - Não, não tenho lá nenhum amigo.
7) A Ana vai à praça todas as semanas.
8) Toda a família se reune no Natal em casa da avó.
9) - Está alguém no escritório?
   - Não. À noite não está lá ninguém.
10) Não faz nada, Rui! Tenho de fazer sempre tudo sozinha.

2) 다음의 빈곳에 알맞은 부정형용사 또는 부정대명사를 넣고 번역하시오.

1) Quem apagou a luz? Não estou vendo _____.
2) Não é preciso repetir. Já entendi _____.
3) Eu tenho _____ idéias para resolver esse problema.
4) Você sabe se aqui na Companhia _____ fala português?
5) Você tem _____ livro interessante para eu ler?
6) Ai, meu Deus! Que dor de cabeça! Será que ainda vai ter _____ reunião hoje à tarde?
7) Naquela empresa _____ diretor fala inglês, só português.
8) Vai ter _____ festa nesse fim de semana?

9) Patrícia esperou _____ meses para receber o visto de permanência no Brasil.

10) - Atchim!
 - Saúde! Que gripe, hem? Você tomou _____ remédio?
 - É, tomei, mas não resolveu _____. Atchim!!!

MINUTAS

Luis Fernando Veríssimo

Um homem chega num balcão e tenta chamar a atenção da balconista para atendê-lo:

— Senhorita...
— Um minutinho.

O homem vira-se para outro ao seu lado e diz:

—Ih, já vi tudo.
— O que foi?
— Ela disse "um minutinho". Quer dizer que vai demorar. No Brasil, um minuto dura sessenta segundos, como em qualquer outro lugar, mas um minutinho pode durar uma hora.

O homem tenta de novo:

— Senhorita...
— Só um instantinho.
— Ai...
— O que foi?
— Ela disse "um instantinho". Um "instantinho" demora mais que um minutinho. Parece que um minutinho é feito de vários instantinhos, mas é o contrário. Um "instantinho" contém vários "minutinhos". Senhorita!
— Só dois segundinhos!

O homem começa a se retirar.

— Aonde é que o senhor vai?
— Ela disse "dois segundinhos". Isso quer dizer que só vai me atender amanhã.

22 기수와 서수

1 기수

0	zero	14	catorze, quatorze	90	noventa
1	um(uma)	15	quinze	100	cem
2	dois(duas)	16	dezesseis	101	cento e um(uma)
3	três	17	dezessete	200	duzentos(-as)
4	quatro	18	dezoito	300	trezentos(-as)
5	cinco	19	dezenove	400	quatrocentos(-as)
6	seis	20	vinte	500	quinhentos(-as)
7	sete	21	vinte e um(uma)	600	seiscentos(-as)
8	oito	30	trinta	700	setecentos(-as)
9	nove	40	quarenta	800	oitocentos(-as)
10	dez	50	cinqüenta	900	novecentos(-as)
11	onze	60	sessenta	1,000	mil
12	doze	70	setenta	100,000	cem mil
13	treze	80	oitenta	1,000,000	um milhão

1) **10과 1, 100과 10** 사이에는 **접속사 e**를 쓰며 1000과 100 사이에는 쓰지 않는다.

    76(setenta e seis)　　　　　735(setecentos e trinta e cinco)
    3.121(três mil, cento e vinte e um)

    주의! 1000과 100 사이에도 10과 1자리가 없을 때 또는 100 자리가 없을때는 **e**를 쓴다.
          6.900(seis mil e novecentos)
          3.024(três mil e vinte e quatro)

2) **1과 2, 200에서 900까지는 남성형과 더불어 여성형**이 있다. 따라서 21, 22, 31, 32에도 여성형이 있다.

    um moço　　한 청년　　　　　*uma* aluna　　한 여학생

dois gatos 두 마리의 고양이   *duas* patas 두 마리의 오리
vinte e *uma* pessoa 스물 한 명
oitocentas e *uma* páginas   801 페이지

3) 100은 끝 수가 없을 때 **cem**을 사용하고 101부터 199까지는 **cento**를 쓴다. 또 cem과 cento 앞에는 um 또는 uma를 붙이지 않는다.

   cem livros   백 권의 책   cento e uma mesas   101 개의 책상

4) **mil은 단수와 복수가 동형**이며 um이나 uma를 붙이지 않는다.

   1987(mil, novecentos e oitenta e sete)
   3.000(três mil)

   주의! milhão은 '백만'의 뜻(복수형은 milhões)으로 뒤에 de를 사용한다. 또한 bilhão(10억의 뜻이며 복수형은 bilhões)도 milhão과 동일하게 쓰인다.

5) 전화번호 숫자를 하나씩 읽을 경우 6은 seis라고 읽는 대신 meia라고 읽기도 한다.

   962 - 7612(nove meia dois, sete meia um dois)

6) 소수점은 ',' 를 사용한다.

   2,6(dois, vírgula, seis)

   ■ 가감승제의 표현
     = (**é**) **igual a** 또는 **são**
     + **mais**
         6 + 8 = 14   Seis *mais* oito *(é) igual a* catorze.
     − **menos**
         10 − 6 = 4   Dez *menos* seis *(é) igual a* quatro.
     × **vezes** 또는 **multiplicado por**
         7 × 5 = 35   Sete *vezes* cinco *(é) igual a* trinta e cinco.
     ÷ **dividido por**
         9 ÷ 5 = 1,8
         Nove *dividido por* cinco *(é) igual a* um, vírgula, oito.

2 서수

제 1의	primeiro	제 20의	vigésimo
제 2의	segundo	제 21의	vigésimo primeiro
제 3의	terceiro	제 30의	trigésimo
제 4의	quarto	제 40의	quadragésimo
제 5의	quinto	제 50의	qüinquagésimo
제 6의	sexto	제 60의	sexagésimo
제 7의	sétimo	제 70의	setuagésino
제 8의	oitavo	제 80의	octogésimo
제 9의	nono	제 90의	nonagésimo
제 10의	décimo	제 100의	centésimo
제 11의	décimo primeiro	제 1,000의	milésimo
제 12의	décimo segundo	제 100,000의	cem milésimo
제 13의	décimo terceiro	제 1,000,000의	milionésimo

1) 서수는 주로 명사의 앞에 쓰이며 **정관사를 동반하고 성·수 변화**도 한다. 생략할 때는 primeiro와 primeira의 경우 각각 1º, 1ª 이며, segundo와 segunda는 각각 2º, 2ª 등의 방식으로 표현할 수 있다. 또 '제 11의', '제 12의'는 unodécimo, duodécimo라고도 한다.

　　a quarta vez　네 번째　　*o primeiro* mês do ano　일년의 첫째 달

2) **세기, 건물의 층수** 등에는 **10번째까지는 서수**를 그 이상에는 **기수**를 사용한다.

　　século III*(terceiro)*　3세기　　século XXI*(vinte e um)*　21세기
　　o segundo andar　2층　　o andar 13*(treze)*　13층

> **주의!** ① 세기, 국왕의 칭호에는 10번째까지는 서수를 사용하지만 그 위치는 뒤가 된다는 것을 주의할 것.
> 　　D.(Dom) João VI　주앙 6세
> ② 브라질에서는 한국식의 1층은 o andar térreo이며 o primeiro andar는 실제 건물 구조상 2층에 해당한다.

3) 기수를 명사 뒤에 놓고 서수의 대신으로 사용할 수가 있다.

    lição dois(segunda lição)   제 2 과
    capítulo vinte(vigésimo capítulo)   제 20 장

    ※ 비교: vinte capítulos   20 장

4) **날짜**를 말할 때는 초하루에만 서수를 쓰는데 포르투갈에서는 기수를 그대로 쓴다.

    o dia primeiro de abril   4월 1일
        (포르투갈에서는 o dia um de abril라고 함)
    o dia onze de novembro   11월 11일

■ 200에서 900까지의 서수

제 200의	ducentésimo	제 600의	sexcentésimo
제 300의	trecentésimo	제 700의	setingentésimo
제 400의	quadringentésimo	제 800의	octingentésimo
제 500의	qüingentésimo	제 900의	nongentésimo

연습문제

1. 다음을 포어로 표현하시오.

    1) 1981 ....

    2) 866 ....

    3) 2316 ....

    4) 4600 ....

    5) 10.753 ....

    6) 1999 ....

    7) 아홉 번째 ....

    8) 7월 1일 ....

    9) 제 3 과 ....

    10) 21세기 ....

    11) 15층 ....

    12) 첫째 아들 ....

    13) 둘째 딸 ....

    14) 스무 번째 생일 ....

23 의문사

의문대명사	*Que* é isto? 이것은 무엇입니까? *Quem* é ela? 그녀는 누구입니까? *Qual* é o nome do presidente? 대통령의 이름은 무엇입니까?
의문형용사	*Que* dia da semana é hoje? 오늘은 무슨요일입니까? *Quantos* dias há numa semana? 일 주일은 며칠이 있습니까?
의문부사	*Como* você planeja seu futuro? 너는 너의 장래를 어떻개 계획하고 있니? *Onde* está a minha pasta? 내 가방이 어디 있습니까? *Quando* começa a primeira aula de português? 포어 첫수업은 언제 시작합니까?

1 용법

1) que

'무엇이', '무엇을'의 의미로 쓰이며 성·수 변화는 없고 **물건**에 대해서 사용된다. 이것과 같은 의미로 **o que**라는 형태가 있다.

Que são palavras?   단어란 무엇인가?
Que é que(*O que* é que) você tem na mão?
당신은 손에 무엇을 가지고 있습니까?

que é que, o que é que는 본래강조를 표현하였는데, 이 경우는 단지 강조의 용법으로 쓰이는 것이며 의미는 달리 없다. 이 é que는 의문사와 함께 회화에서는 매우 그 사용이 빈번하다.

De *que* é esta casa? - É de pedra.
이 집은 무엇으로 만들어져 있습니까? – 돌로 만들어졌습니다.
Por *que* você não está presente na aula? - Porque estou com dor de cabeça.
왜 너는 수업에 출석하지 않았니? – 왜냐면 나는 머리가 아프기 때문이다.
Para *que* o senhor estuda tanto?
무엇 때문에 당신은 그렇게 공부를 많이 합니까?

위의 예와 같이 의문사가 전치사를 동반할 때 전치사는 반드시 앞으로 나온다.

2) **quem**

'누가', '누구를'의 의미를 가진다. 성·수 변화가 없고 **사람**에 대해서만 사용된다.

Quem sabe a solução deste problema?
이 문제의 해결 방법을 누가 알고 있습니까?
De *quem* é este livro?   이 책은 누구의 것입니까?
Com *quem* você mora?   당신은 누구와 살고 있습니까?

3) **qual(quais)**

'어떤 것', '어떤 것을'의 의미로 **사람 또는 물건**에 대해서 사용되며 수에 있어 복수형이 있다. 이것은 본래 여러 개 중에서 어떤 것을 선택적으로 표현하는 것, 즉, '어떤 것', '어떤 것들'을 의미하는 데 경우에 따라서는 '무엇', '얼마만큼'으로 번역 해야 할 때도 있다.

Qual é seu relógio, este ou aquele?
당신의 시계는 어느 것입니까, 이것입니까 아니면 저것입니까?
Qual é a capital do Brasil?
브라질 수도는 어디 입니까?
Qual dos senhores é pai deste aluno?
당신들 중의 누가 이 학생의 아버지입니까?

4) **quanto(quanta, quantos, quantas)**

'얼마만큼의', '얼마만큼을', '몇 사람이', '몇 사람을'을 의미한다. 사람 또는 물건에 대해서 사용되고 성과 수에 따라 변한다. 이것은 순수한 의문대명사(quanto의 형 만)와 의문형용사로서의 용법의 경우 명사가 생략된 것이다.

Quanto devem pagar para mandar esta carta pelo correio aéreo?
항공으로 이 편지를 보내는 데는 얼마를 지불해야 합니까?

 devem과 같이 3인칭 복수형으로 주어가 확실하지 않은 경우의 주어는 일반적인 '사람', '사람들'의 의미이다.

Quantos cabem nesta sala?
이 방에는 몇 사람 들어갈 수 있습니까?

2 의문형용사의 용법

1) **que**(무엇의), **qual · quais**(어느, 어느 것들)

que와 qual은 의문형용사로서는 거의 같은 의미이지만 보통 que를 사용하여 선택의 의미를 강조하지 않을 때도 많다.

A *que* horas termina esta aula?
이 수업은 몇 시에 끝납니까?
Que(Qual) caminho tomamos?
우리들은 어느 길을 가야합니까?
De *que* cor é céu?
하늘은 어떤 색입니까?

2) **quanto · quantos · quanta · quantas**(얼마만큼의)

quanto는 성과 수에 따르는 변화형태를 가지고 있다.

Quantos livros estão na mesa?
몇 권의 책이 책상에 있습니까?
Quantos funcionários tem esta sociedade?
이 단체에는 몇 명의 공무원이 있습니까?

3 의문부사의 용법

1) **como**(어떻게)

   Como está o senhor? - Estou muito bem, obrigado.
   안녕하십니까? – 잘 지냅니다. 고맙습니다.
   Como é que você leva essas coisas para o escritório?
   당신은 어떻게 하여 그것들을 사무실로 가져갑니까?

2) **onde**(어디에)

   onde에는 전치사 em의 의미가 이미 포함되어 있지만 전치사 a와 함께 사용되면 통상 aonde(어디로)가 된다. de와 함께 사용되는 경우는 donde(어디서부터)라고 쓰기도 하지만 보통은 경우 분리해서 말한다.

   Onde é a estação de metrô?
   지하철역은 어디에 있습니까?
   De *onde*(Donde) é o senhor João?
   주앙은 어디 출신입니까?

3) **quando**(언제)

   Quando é que você parte para o Brasil?
   당신은 언제 브라질로 출발합니까?
   Até *quando* tem que apresentar os relatórios?
   언제까지 보고서를 제출해야 합니까?

---

escutar, ouvir의 차이

escutar 은 "듣기 위해 주의를 기울이다" "주의해서 듣다" "~의 충고를 듣다"로 쓰인다.
Escutou o rádio./Já não escuta os amigos. (친구 말을 듣지 않는다)
ouvir 는 "들어서 안다"의 뜻으로 사용.
Não ouvi o barulho./Da sala ouvia o barulho das máquinas.

24 시간의 표현

Que horas são?	지금 몇 시입니까?
Que horas você tem?	지금 몇 시입니까?
É meio-dia.	정오입니다.
É meia-noite.	자정입니다.
É uma(hora) e vinte(minutos)	1시 20분입니다.
São sete e dez.	7시 10분입니다.
São dez e meia(trinta).	10시 반입니다.
São onze menos quinze.	11시 15분전입니다.
Faltam quinze para as onze.	11시 15분전입니다.

1 시간의 표현방법

1) '…시 …분입니다'는 **São+수사(horas)+e+수사(minutos)**이며 정오, 자정을 'são doze'라고 표현하기도 한다. 1시는 são 대신에 é를 사용한다. 또 hora는 '시간'이란 뜻의 여성명사이므로 1시 또는 2시를 표현할 때 uma 또는 duas를 써서 표현해야 한다.

　　É uma hora em ponto. 　　정각 1시이다.
　　São cinco da tarde. 　　오후 5시이다.

▶ '…시 정각'을 나타낼 때는 **em ponto**를 쓰면 된다. '오전의', '오후의' '밤의' 라는 표현과 함께 시간을 표현하고자 할 때 각각 da manhã, da tarde, da noite를 쓴다.
　　São cinco em ponto da tarde.
　　오후 정각 5시이다.

▶ '…시 15분전', '…시 반'은 각각 um quarto, trinta보다도 quinze, meia를

많이 쓴다.
  São duas e quinze. 2시 15분이다.
  É uma e meia. 1시 반이다.

▶ '…시 …분전이다'는 「São(É) + 시간 + menos + 분」과 「Faltam(Falta) + 분 + para + 정관사 + 시간」의 두 가지 표현방법이 있다.
  É uma menos dez. 1시 10분전이다.
  Falta um quarto para as onze. 11시 15분전이다.
  Faltam dez para as oito. 8시 10분전이다.

> **주의!** falta · faltam은 각각 faltar(부족하다)의 직설법 현재 3인칭 단수 · 복수형이다. 또 시간표현이 전치사 뒤에 올 때 반드시 정관사가 필요하다.

2) '몇 시에 …합니까?'는 **A que horas...?**로 표현한다. a는 전치사로 '…에'의 의미를 갖는다.

  A que horas você almoça? - Almoço ao meio-dia.
  당신은 몇 시에 점심을 먹습니까? – 나는 정오에 점심을 먹습니다.
  A que horas o avião chega no aeroporto? - Chega à uma.
  몇 시에 비행기가 공항에 도착합니까? – 1시에 도착합니다.

3) '몇 시까지 …합니까?'는 **Até que horas...?**로 표현한다.

  Até que horas você fica em casa? - Fico até às oito.
  당신은 몇 시까지 집에 있습니까? – 저는 8시까지 있습니다.
  Até que horas eles descansam? - Descansam até às seis.
  그들은 몇 시까지 휴식을 취합니까? – 6시까지 쉽니다.

> **주의!** até(…까지)는 전치사이지만 뒤에 이어서 a를 첨가하여 사용하기도 한다.

4) '몇 시간 걸립니까?'는 **Quantas horas...?**로 표현하며 levar(시간이 걸리다)동사를 사용한다.

  Quantas horas(Quanto tempo) leva o ônibus de Pusan a Seul?
  버스로 부산에서 서울까지 몇 시간 걸립니까?
  O avião leva uma hora de São Paulo ao Rio.
  비행기로 상 파울루에서 리우까지 1시간 걸립니다.

5) '몇 시간에 …합니까?'는 **Em quantas horas...?**라고 표현한다.

   Em quantas horas você termina o trabalho? - Termino em uma hora.
   당신은 몇 시간에 그 일을 끝마칩니까? – 나의 1시간에 끝마칩니다.

   > **주의!** 위의 예와 같이 시간의 길이를 나타내는 때는 전치사의 뒤에 오더라도 정관사는 불필요하다.

6) '몇 시간 …합니까?'는 **Quantas horas...?**라고 하는 형을 쓴다.

   Quantas horas por dia você trabalha? - Trabalho oito horas por dia.
   당신은 하루에 몇 시간 일을 합니까? – 나는 하루에 8시간 일합니다.
   Quantas horas você estuda por semana? - Estudo vinte horas.
   당신은 주당 몇 시간씩 공부합니까? – 나는 20시간씩 공부합니다.

   > **주의!** quantas horas는 1시간, 2시간이라는 '시간' 단위인 것을 예상하고서 하는 질문이지만, 막연히 '어느 정도의 시간'이라는 질문으로는 quanto tempo를 쓴다.

   ■ 시간 표기

1h.15m.	1시 15분(uma e quinze)
18: 30	18시 30분(seis e meia da tarde)
4:20	quatro e vinte
5:35	cinco e trinta e cinco

Nada

nada: 동사 앞에 올 때 다른 부정 불필요.
　　　　동사 뒤에 올 때 다른 부정 필요.

　　nada adianta (소용없다)
　　não adianta nada.
　　O pai nada sabia sobre o plano de filho.
　　O pai não sabia nada sobre o plano do filho.

연습문제

① 다음을 포어로 번역하시오.

1) 9시 20분입니다.
2) 11시 15분전입니다.
3) 당신은 하루에 몇 시간 공부합니까?
4) 여기서 역까지 전철로 30분 걸린다.
5) 당신은 몇 시에 저녁을 먹습니까?
6) 몇 시에 도서관을 엽니까?
7) 당신은 몇 시에 잡니까?
8) 그는 6시에 일어납니다.
9) 8시 10분에 아침을 먹습니다.
10) 한국에서 브라질까지 비행기로 얼마나 걸립니까?

Um sujeito estava com terrível dor de dente e foi ao dentista.
— Quanto o senhor cobra por uma extração?
— Seis mil cruzeiros - respondeu o dentista.
— Seis mil cruzeiros por dois minutos de trabalho?! O senhor não acha que é demais?
— Se você quiser eu faço a extração beeeemmmm devaaaagaaarrrrrr...

25 날짜, 요일, 달, 계절의 표현

Que dia do mês é hoje?	오늘은 며칠입니까?
Em que dia do mês estamos?	오늘은 며칠입니까?
Hoje é (o dia) primeiro de julho.	오늘은 7월 1일입니다.
Estamos no dia primeiro de julho.	오늘은 7월 1일입니다.
Que dia da semana é hoje?	오늘은 무슨 요일입니까?
Em que dia da semana estamos?	오늘은 무슨 요일입니까?
Hoje é sábado.	오늘은 토요일입니다.
Estamos no sábado.	오늘은 토요일입니다.

1 날짜의 표현

Hoje é (o dia) quinze de agosto.
오늘은 8월 15일입니다.
Estamos no dia quinze de agosto.
오늘은 8월 15일입니다.
Quando você fala com ele? - Falo com ele em(no dia) 6 deste(mês).
당신은 언제 그와 말을 합니까? – 이 달 6일에 말할 것입니다.

2 월 이름(os meses do ano)

janeiro 1월	fevereiro 2월	março 3월
abril 4월	maio 5월	junho 6월
julho 7월	agosto 8월	setembro 9월
outubro 10월	novembro 11월	dezembro 12월

월 이름은 소문자로 표기하는 게 보통이며 정관사가 붙지 않는다.

3 요일 이름(os dias da semana)

o domingo 일요일	a segunda-feira 월요일
a terça-feira 화요일	a quarta-feira 수요일
a quinta-feira 목요일	a sexta-feira 금요일
o sábado 토요일	

요일의 표현에 있어 특히 구어에서는 -feira 부분을 생략하기도 한다. 한편 요일 이름의 복수형은 domingos, sábados, segundas-feiras, terças-feiras... 등으로 변하며 이때 feira가 붙는 합성어의 경우 s가 두 단어에 모두 첨가된다.

Em que dias(da semana) você estuda português?
당신은 무슨 요일에 포어를 공부합니까?
Estudo português nas segundas e quartas-feiras.
나는 월요일과 수요일에 포어 공부를 합니다.
Telefono para ele na sexta-feira.
나는 금요일에 그에게 전화를 한다.
Telefono para ela às(nas) segundas-feiras.
나는 언제나 월요일에 그녀에게 전화한다.

4 달·계절의 표현

Em que mês estamos? - Estamos em abril.
지금은 무슨 달입니까? – 지금은 4월입니다.
Em que estação estamos? - Estamos no verão.
지금은 무슨 계절입니까? – 지금은 여름입니다.
Que estação está lá no Brasil? - Está inverno.
브라질은 지금 무슨 계절입니까? – 겨울입니다.

5 계절 이름(as estações do ano)

a primavera 봄	o verão 여름
o outono 가을	o inverno 겨울

▶ 시간, 날짜, 요일, 월, 계절 등의 표현과 자주 어울리는 때를 나타내는 전치사

a :   datas (com dia do mês: 날짜 표현에서 날짜 앞에)
dias da semana (요일 앞에)
horas (시간 앞에)
partes do dia (하루중의 기간 표현 앞에)

de :   mês (na data:날짜 표현에서 월 명 앞에)
partes do dia (하루중의 기간 표현 앞에)
horas (시간 앞에)

em :   datas (날짜 앞에)
dias da semana (요일 앞에)
épocas festivas (축제 기간표현 앞에)
estações do ano (계절 앞에)
meses (월 이름 앞에)

para :   horas (시간 앞에)

No hospício acabaram de construir uma piscina. Os doidos se divertem, pulando do trampolim. À noite, comentam com o médico:

— Foi bom, doutor. Amanhã tem mais?

— Amanhã vai ser até melhor. Vai ter água na piscina - responde o médico.

연습문제

1 다음을 번역하시오

1) O Natal é a 25 de Dezembro.
2) Aos domingos a família Santos almoça sempre fora.
3) Tomamos o pequeno-almoço às sete e meia da manhã, almoçamos à uma da tarde e jantamos às oito da noite.
4) À tarde o Sr. Santos nunca está em casa, mas à noite está sempre com a família.
5) De manhã estão na escola: têm aulas das nove ao meio-dia.
6) Na sexta-feira têm uma festa em casa do Paulo.
7) No Natal e na Páscoa os avôs do Miguel estão sempre no Brasil.
8) No inverno chove muito.
9) O Miguel e a Sofia têm exames em junho, no dia 22 e 23.
10) As aulas da manhã acabam às dez para a uma.

2 다음의 빈칸에 알맞은 전치사를 써 넣으시오.

1) _____ sábados, o Miguel e o Paulo têm treino, mas _____ próximo sábado não, porque é feriado nacional.
2) - _____ que horas fecham as lojas?
   - Fecham _____ sete _____ tarde. _____ sábados fecham _____ uma _____ tarde. _____ domingo estão sempre fechadas.
3) As aulas começam _____ dia 21 _____ setembro.
4) _____ primavera a família Santos passa uma semana de férias no Algarve.
5) _____ dia 24 _____ dezembro _____ noite ficam em casa e festejam o Natal com a família. _____ meia-noite comem bacalhau cozido e depois há presentes para todos.

26 중요한 불규칙동사의 직설법 현재(1)

dar 주다	ir 가다	ver 보다	vir 오다	pôr 놓다
dou	vou	vejo	venho	ponho
dás	vais	vês	vens	pões
dá	vai	vê	vem	põe
damos	vamos	vemos	vimos	pomos
dais	ides	vedes	vindes	pondes
dão	vão	vêem	vêm	põem

Os pais *dão* muita atenção aos filhos.
부모들은 자식들에게 많은 주의를 기울인다.
Vejo o Paulo todas as manhãs.
나는 매일 아침 빠울루를 본다.
Os alunos *vão* ao Rio na próxima semana.
학생들은 다음 주 리우에 간다.
Você *vai* à feira? 너는 시장에 가느냐?
José não *vem* trabalhar hoje.
쥬제는 오늘 일을 하러 오지 않는다.
Você sempre *põe* alho na sopa?
너는 항상 국에 마늘을 넣니?

1 dar 동사의 용법

dar 동사는 사용이 아주 빈번한 동사로 '주다'의 의미 외에도 다른 여러 가지 뜻으로 쓰인다.

dar aula: 가르치다
Ela está *dando aula* agora.
그녀는 지금 수업을 하고 있는 중이다.

dar carona: 공짜로 차를 태워주다

　　Você *dá carona* para ela todos os dias?
　　당신은 매일 그녀를 차에 태워줍니까?

dar certo: 결과가 좋다, 성공하다

　　Não *deu certo*.
　　제대로 되지 않았다.

dar jeito: 방법을 찾다.

　　Vou *dar um jeito* ao problema.
　　이 문제를 해결할 방법을 찾아보겠다.

dar com: 만나다.

　　Não *dei com* o restaurante que me indicou.
　　내게 일러준 식당을 찾지 못했다.

dar-se com: 사이좋게 지내다.

　　Ele não *se dá com* o irmão.
　　그는 동생과 잘 지내지 못한다.

dar em: 마침내…되다

　　A Ana agora *deu em* pintora.
　　아나는 지금 화가가 되었다.

dar para: 재능이 있다, …쪽으로 향하다, …하기에 충분하다, 가능하다

　　Eu não *dou para* a pintura.
　　나는 그림에는 소질이 없다.
　　A janela *dá para* o jardim.
　　창문이 정원을 향해있다.
　　8 reais *dá para* almoçar.
　　8 헤아이스면 점심 먹기에 충분하다.
　　Deu para entender?
　　이해를 할 수 있었습니까?

dar por: 인지하다, 알다

　　Ele entrou e saiu e eu não *dei por* nada.
　　그가 들어왔다가 나갔는데 나는 그것을 전혀 알지 못했다.

2 ver 동사의 용법

Ele sempre *vê* Maria na praia.
그는 항상 해변에서 마리아를 본다.
Vejo bem com óculos.
안경을 쓰면 잘 보인다.
Meu filho gosta de *ver* o metrô passar.
내 아들은 전철이 지나가는 것을 보는 것을 좋아한다.

3 ir 동사의 용법

Ele *vai* a São Paulo de carro.
그는 자동차로 상 파울루로 간다.

주의! 교통수단의 표현은 다음과 같다.

de ônibus 버스로	de táxi 택시로
de navio 배로	de bicicleta 자전거로
de trem 기차로	de avião 비행기로
de carona 무임승차하여	de moto 오토바이로

한편 다음의 두 가지 표현은 전치사 a를 사용한다.

a pé 걸어서   a cavalo 말을 타고

Como vai você? - Vou bem, obrigado.
안녕하세요? - 잘 지냅니다, 감사합니다.

※ 비교: 이 경우에 ir 동사 대신 estar 동사를 사용할 수 있다.
Como está você? - Estou bem, obrigado.

▶ **ir + 동사원형**

ir + 동사원형으로 '…할 예정이다' 라는 표현을 할 수 있으며 구어체에서 특히 많이 쓰이는 표현이다.

Amanhã *vou levar* você à escola.
내일 너를 학교에 데리고 갈 것이다.
Vou mandar consertar a geladeira.
나는 냉장고를 수리시킬 것이다.

> **주의!** mandar + 동사원형으로 '…시키다'라는 의미를 표현할 수 있다. 이때 '누구에게 …를 시킨다'고 할 경우 직접 목적어를 취한다.
> *Mando a empregada ir comprar um maço de cigarros.*
> 나는 하녀에게 담배를 한 갑 사오라고 보낸다.

Amanhã de manhã *vou aparecer* aqui mais uma vez.
내일 아침 나는 또 한번 여기에 옵니다.
Vai estar em minha casa hoje à noite?
오늘밤 우리 집에 올 겁니까?

> **주의!** ir + estar + em(장소)의 구조로 '간다, 온다'라는 의미를 나타낼 수도 있다.

4 vir 동사의 용법

Vem cá mais cedo amanhã.
내일 더 일찍 여기 오거라.

> **주의!** cá는 vir와 같은 동적인 동작을 나타내는 동사와 함께 쓰이며 aqui는 estar와 같은 정지된 동작을 나타내는 게 일반이나 구어에서는 혼용이 되고 있다.

Aquele professor *vem* de uma ótima família.
저 교수는 양가집 출신이다(vir de… 「…의 출신이다」)

5 pôr 동사의 용법

Os alunos sempre *põem* os livros sobre a mesa.
학생들은 언제나 책을 책상 위에 놓는다.
No verão, a gente *põe* uma roupa leve.
여름에 우리는 얇은 옷을 입는다.
O coreano *põe* muito açúcar no chá.
한국사람은 차에 설탕을 많이 넣는다.

> **주의!** 구어에서는 pôr 대신 botar 또는 colocar를 사용한다.

연습문제

1 주어진 동사를 사용하여 직설법 현재로 활용시켜 써넣고 번역하시오.

1) (dar)   Você não _____ valor ao seu trabalho.
2) (ir)   Maria _____ tomar café em vez de chá.
3) (pôr)   Eu não _____ o carro na garagem todas as noites.
4) (ver)   Ela _____ um quadro a óleo muito bonito.
5) (vir)   Ela _____ cá lhe pedir um favor.
6) (ver)   Eles _____ o jogo na televisão.
7) (pôr)   O meu pai _____ muito açúcar no café.
8) (ir)   Amanhã o Paulo _____ ao mercado fazer compras.
9) (dar)   Ela _____ corda em seu relógio todas as manhãs.
10) (vir) Ela sempre _____ cá à hora do almoço.
11) (ir)   Este negócio não _____ bem.
12) (vir) De onde é que ela _____?
13) (dar) Esta conta não _____ certo.
14) (pôr) Todas as semanas eu _____ uma carta no correio.
15) (ver) Ela não _____ nada de errado em minha atitude.
16) (ir)   O ônibus _____ chegar à estação rodoviária às 9 horas.
17) (vir) Eu _____ buscar esta chave.
18) (dar) Ela me _____ oportunidade para fazer perguntas.
19) (ver) Nós não _____ saída para esta situação.
20) (pôr) Ela sempre _____ a mesma roupa para trabalhar.

27 현재분사와 진행형

> 현재분사
> cantar → cantando,   beber → bebendo,   partir → partindo
>
> 진행형
> estar + 현재분사: …하고 있는 중이다.

Que é que você *está fazendo*?
당신은 무엇을 하고 있습니까?
Estou procurando minha chave.
나는 나의 열쇠를 찾고 있는 중입니다.
Eles *estão vendo* o jogo de futebol na televisão.
그들은 축구경기를 텔레비전으로 보고 있는 중이다.

1 **현재분사**는 위와 같이 동사의 원형에서 -r을 빼고 -ndo를 첨가하여 만든다.

2 **현재진행형**은 구어에서 아주 많이 사용된다.

Estamos *fazendo* uma viagem de turismo pelo Brasil.
우리는 브라질을 관광 중입니다.(fazer uma viagem por... 「…을 여행하다」)
Nesta hora Dona Maria está *telefonando* ao Sr. Terra.
이 시간에 마리아 부인은 떼하씨에게 전화를 하고 있는 중이다.

 포르투갈에서는 estar + 현재분사 대신에 estar + a + 동사원형을 사용한다.
Está *chovendo*. = Está *a chover*.
비가 내리고 있는 중이다.

3 **estar 대신에 andar, ir, vir를 사용**하면 **진행의 의미** 외에 각각 '되풀이하여 …하고 있다', '점점 …하고 있다', '현재까지 …하고 있다, 여기까지 …가 계속되어 왔다' 등의 의미를 갖게 된다.

A menina *anda perguntando* qualquer coisa à professora.
그 소녀는 선생님에게 무엇이든 질문을 하고 있다.
O Brasil *vai fazendo* grande progresso.
브라질은 점점 큰 발전을 하고 있는 중이다.
O sol *vem nascendo*.
태양이 떠오르고 있다.

4 **voltar · comer · estudar · ficar** 등의 동사와 함께 현재분사가 사용되면 '…하면서 …한다'의 의미가 된다.

A criança sempre *volta chorando*.
그 아이는 언제나 울면서 돌아온다.
É muito feio *comer falando*.
이야기를 하면서 음식을 먹는 것은 추하다. (É의 주어는 comer falando)
Minha filha *estuda ouvindo* o rádio.
내 딸이 라디오를 들으면서 공부한다.
Você vai sair de casa, não é? Então, *fico esperando* por ela.
너는 외출할 거지? 그러면 나는 그녀를 남아서 기다리고 있을 게.

연습문제

1 다음을 읽고 번역하시오.

Estou sentado na sala, em frente à televisão, mas não estou acompanhando a programação. Ao meu lado, meu irmão está brincando e minha irmã está estudando. Meus pais estão fora, estão jantando com amigos.

Estou pensando...

Não estou muito feliz com minha vida. Não sinto que estou progredindo. Preciso mudar!!!

Meus pais reclamam muito do meu comportamento e meus professores também não estão satisfeitos comigo. Assim, eu não estou feliz e meus pais e meus professores também não. Vou mudar!!!

Daqui para frente vou ser diferente: vou estudar mais, não vou mais responder mal aos meus pais e não vou deixar de fazer as tarefas de casa. Serei mais aplicado no meu treino de futebol e não faltarei às aulas de inglês e computação.

2 다음의 내용을 번역하시오.

Enquanto estava me preparando para minha viagem ao Brasil, soube que precisaria de um visto para poder entrar no país. Fui ao Consulado mais próximo onde me disseram que precisaria providenciar alguns documentos.

Quando estava tirando as fotografias para anexar aos documentos, encontrei Paula que estava retornando de uma viagem a Manaus. Ela me contou que foi ver a Pororoca e que ficou maravilhada! Me disse que, quando estava olhando o encontro das águas, houve uma surpresa: ao lado do barco, alguns botos estavam pulando e brincando!

28 과거분사와 수동형

> 과거분사
> lavar → lavado   beber → bebido   partir → partido
>
> 수동형
> ser + 타동사의 과거분사 + por + 행위자

O livro é me *dado* pelo professor.
그 책은 선생님에 의해서 내게 주어졌다.
As roupas são *consertadas* por Antônio.
그 옷들은 앙또니우에 의해 수선된다.
Esta língua é *falada* por muitas pessoas.
이 언어는 많은 사람들에 의해서 이야기된다.

1 과거분사

-ar로 끝나는 동사는 -r을 빼고 -ado로, -er나 -ir로 끝나는 것은 모두 -ido로 바꾼다. 그러나 다음 아래의 동사들은 예외적이다.

abrir 열다 → aberto		cobrir 덮다 → coberto
dizer 말하다 → dito		escrever 쓰다 → escrito
fazer 하다 → feito		pôr 놓다 → posto
ver 보다 → visto		vir 오다 → vindo

 vir는 현재분사와 과거분사의 형태가 같다.

2 수동형

수동형은 행위자가 드러나 있는 경우도 있지만 숨어있는 경우도 많다. 그리고 과거분사는 주어의 성과 수에 따라 형태를 변화한다.

O professor *é convidado* para todas as reuniões.
그 선생은 모든 회의에 초대된다.
(convidar + 사람 + para... 「사람을 …에 초대한다」)
Este livro *é encontrado* em qualquer lugar.
이 책은 어디든지 있다.

3 estar + 과거분사의 형태는 **수동의 결과**나 **상태**를 나타낸다.

A reunião *está acabada*.   그 회의는 끝났다.
As portas *estão fechadas*.   그 문들은 닫혀있다.
Este livro *está escrito* em português.
이 책은 포어로 쓰여져 있다.
O meu filho *está ocupado* com os estudos.
내 아들은 공부 때문에 바쁘다.
A menina *está acompanhada* de seus pais.
그 여자아이는 부모와 함께 있다.

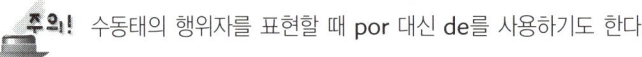 수동태의 행위자를 표현할 때 por 대신 de를 사용하기도 한다.

Sempre estou acordado até a meia-noite.
나는 언제나 자정까지 깨어 있다(잠이 들지 않고 있는 상태).

4 ficar + 과거분사는 por로 이끌어지는 표현이 없을 경우 사용된다.

A loja *fica fechada* durante o inverno.
그 가게는 겨울에 닫혀있다.
Os restaurantes *ficam fechados* aos domingos.
그 식당들은 일요일에는 닫혀있다.

O rádio sempre *fica ligado* todo o dia.
그 라디오는 언제나 하루종일 켜져있다.
Ela *fica preocupada* quando chego tarde.
그녀는 내가 늦게 도착할 때마다 걱정한다.

ficar com: 보관하다, 가지다

Pode *ficar com* o jornal. Já o li tudo.
그 신문을 가져도 좋다. 나는 이미 그것을 다 읽었다.

ficar de: 약속하다

A Ana *ficou de* aparecer aqui na sala.
아나는 이 방에 오기로 약속했다.

ficar em: …에 위치해 있다.

A escola *fica em* Imundong.
학교는 이문동에 위치해 있다.

ficar para: 연기되다

Afinal, não vai haver reunião. *Fica para* o próximo domingo.
결국 회의는 없을 것이다. 다음 일요일로 연기되었다.

ficar por: 끝내다, 실행하다

Hoje *ficamos por* aqui.
오늘은 여기서 끝냅시다.

5 **불규칙분사**는 ser 또는 estar 동사와 함께 **수동태 문장**을 만들어 그 **결과나 상태**를 표현하는 반면 **규칙분사**는 ter 또는 haver 동사와 함께 **완료시제**를 만드는 데 사용된다.

As sugestões *foram aceitas*.
그 제안들은 받아들여졌다.
De fato, os professores *têm aceitado* bem as sugestões.
사실상 교수들은 그 제안들을 좋게 받아들였다.
A Inês *foi eleita* para a Associação de Estudantes.
이네스는 학생회에 선출되었다.
No ano passado *tinha elegido* a Joana.
작년에는 조아나를 선출했었다.

6 규칙분사 외에도 불규칙 분사를 가지는 동사들

원형		동사 ter 또는 haver와 같이 쓰이는 규칙분사	동사 ser 또는 estar와 같이 쓰이는 불규칙분사
aceitar	받아들이다	aceitado	aceito
anexar	첨가하다	anexado	anexo
entregar	넘겨주다	entregado	entregue
expulsar	추방하다	expulsado	expulso
matar	죽이다	matado	morto
morrer	죽다	morrido	morto
prender	잡다	prendido	preso
suspender	정지시키다	suspendido	suspenso
imprimir	인쇄하다	imprimido	impresso
incluir	포함하다	incluído	incluso
omitir	생략하다	omitido	omisso
submergir	물에 빠지다	submergido	submerso
suprimir	삭제하다	suprimido	supresso
tingir	물들이다	tingido	tinto
soltar	풀어주다	soltado	solto
isentar	생략하다	isentado	isento
suspeitar	수상히 여기다	suspeitado	suspeito
acender	불을 붙이다	acendido	aceso
benzer	축복하다	benzido	bento
eleger	선출하다	elegido	eleito
expressar	표현하다	expressado	expresso

1 다음 주어진 동사를 변화시켜 알맞은 형태를 써넣고 번역하시오.

1) (matar)   - Eu não tinha _____ o cão!
   (prender)   - Pois não. Mas agora está _____.
2) (lavar)   - Saí de casa sem ter _____ o cabelo.
3) (acender)   - Não estão _____ as luzes do jardim?
4) (entregar)   - Ele já os tinha _____ quando lhe perguntei.
5) (aceitar)   Eles têm _____ bem as nossas propostas.
6) (acender)   A luz está _____.
7) (eleger)   Ele foi _____ para a presidência do clube.
8) (entregar)   As encomendas são _____ ao domicílio.
9) (matar)   Em Espanha o touro é _____ na arena.
10) (morrer)   Quando ela chegou ao hospital, já estava _____.
11) (prender)   O ladrão foi _____ em flagrante.
12) (entregar)   Julgava que já tinhas _____ a cassete ao Jorge.
13) (aceitar)   As nossas condições foram _____.
14) (eleger)   Ficou muito contente quando soube que o tinham _____ para presidente.

29 중요한 불규칙동사의 직설법 현재(2)

ouvir 듣다	pedir 요청하다	poder 할 수 있다	saber 알다
ouço	peço	posso	sei
ouves	pedes	podes	sabes
ouve	pede	pode	sabe
ouvimos	pedimos	podemos	sabemos
ouvis	pedis	podeis	sabeis
ouvem	pedem	podem	sabem

Não *posso* falar com ela agora.
나는 지금 그녀와 이야기할 수 없다.

Posso fumar aqui? - Sim, pode.
여기서 담배를 피워도 됩니까? - 예, 피워도 됩니다.

Isso *pode* ser a verdade.
이것이 사실일 수도 있습니다.

Não *sabe* o número de meu telefone?
너는 내 전화번호를 모르냐?

Você *sabe* falar português? - Sim, falo bem.
너는 포어를 말할 수 있습니까? - 예, 잘 합니다.

Eu *ouço* música clássica todas as noites.
나는 매일 밤 고전음악을 듣는다.

Quando eu lhe *peço* um favor, ele me atende com muito prazer.
내가 그에게 부탁을 하면 그는 아주 기쁜 마음으로 응해준다.

1 ouvir 동사의 용법

Vocês *ouvem* bem deste lugar?
너희들은 그 장소에서 잘 들을 수 있느냐?

Ouço dizer que há três línguas oficiais na Suíça.

스위스에는 공용어가 3 가지 있다고 나는 들었다
(ouvir dizer que... 「…라고 하는 말을 듣다」).
Eu estou *ouvindo* a moça cantar.
나는 그 아가씨가 노래하는 것을 듣고 있다.

2 pedir 동사의 용법

Eu sempre *peço* desculpas quando ofendo alguém.
나는 누군가를 불유쾌하게 하면 어제나 용서를 빈다.
Ela não gosta de *pedir* dinheiro emprestado a ninguém.
그녀는 누구에게든지 간에 돈을 빌려달라고 하는 것을 좋아하지 않는다.
(**pedir + 명사 + emprestado + a + 사람**은 「사람에게 …을 빌려달라고 부탁하다」의 의미: 이때 emprestado는 명사의 성과 수에 일치하여야 한다)
O aluno me *pede* para falar mais devagar.
학생이 나에게 좀 더 천천히 말해달라고 부탁한다.
(**pedirta + 사람 +para+ 동사원형** 은「사람에게 …하여 달라고 부탁하다」의 뜻이다)

※ 비교: pedir 동사와 같이 변화하는 동사는 다음과 같다.

despedir 헤어지다   desimpedir 방해물을 제거하다
expedir 발송하다   impedir 방해하다
medir 자로 재다

3 poder 는 동사의 원형과 함께 쓰여 '…할 수 있다, …해도 좋다, …할 지도 모른다' 의 의미가 된다.

Você *pode* ir à festa do aniversário dela?
너는 그녀의 생일 파티에 갈 수 있니?
Hoje *podemos* descansar porque não há aula.
오늘은 수업이 없으므로 우리는 쉴 수가 있다.
Por favor, *pode* apagar as luzes.
죄송하지만 불 좀 꺼주시오.
Aquilo não *pode* acontecer de jeito nenhum.
그런 일은 절대로 일어날 수가 없습니다.

'…임에 틀림없다' 란 뜻을 나타내기 위해서는 **dever** 동사를 사용하여야 한다.

Isso deve ser uma mentira.
그것은 거짓말이 틀림없다.

Você *pode* me fazer um favor?
너는 나에게 한 가지 친절을 베풀어 줄 수 있겠니?
Pode falar mais devagar?
좀 더 천천히 말해줄 수 있습니까?

4 saber 는 '**안다, 알고 있다**' 라는 의미인데 뒤에 동사의 원형이 오면 '**…하는 방법을 알고 있다**' 라는 기술 또는 능력이 있어 '**…을 할 수 있다**' 는 의미가 된다. poder는 주어진 상황 속에서 '**…하는 것이 가능하다**' 라는 뜻이다.

Sei seu nome.   나는 당신의 이름을 안다.
Você *sabe* dançar? - Sei, sim, mas hoje não posso porque estou doente.
너는 춤을 출 줄 아니? – 알아, 하지만 오늘은 아파서 춤을 출 수 없어.
Você *sabe* onde ela mora?
당신은 그 여자가 어디에 사는 지 압니까?

 saber 동사의 목적어가 절일 경우 다음과 같은 문장 구조를 갖는다.

▷ 그 절이 평서문인 경우 접속사 que를 saber 동사의 뒤에 놓는다.
　Você não *sabe* que está chovendo lá fora?
　너는 밖에 비가 오고 있다는 것을 모르느냐?

▷ 그 절이 의문사가 있는 의문 문장인 경우 그대로 saber 동사의 뒤에 이어준다.
　Não *sei* quantos anos ela tem.
　나는 그녀가 몇 살인지 모른다.

▷ 그 절이 의문사가 없는 의문 문장일 경우에는 saber 동사의 뒤에 접속사 se를 쓰고 이어준다.
　Não *sabe* se ele é casado?   너는 그가 결혼했는지 아니?

Você *sabe* quem é ela? - Claro, conheço-a muito bem.
너는 그녀가 누군지 아니? – 물론이지, 나는 그녀를 아주 잘 알아.

 saber가 단지 **개념상**에서 '안다, 알고 있다' 의 의미를 나타내는 반면 **conhecer**는 **직접적인 체험**을 통해 '안다, 알고 있다' 라고 하는 의미를 나타낸다.

Sei onde fica o Brasil	나는 브라질이 어디에 위치해 있는지 안다.
Conheço o Brasil.	나는 브라질에 가보았다.
Sei qual é o problema.	나는 그 문제가 무엇인가를 알고있다.
Conheço o problema.	나는 그 문제를 잘 알고있다.
Sei Matemática.	나는 수학을 안다.
Conheço Matemática.	나는 수학을 잘 안다.
Sei falar português.	나는 포어를 할 줄 안다.
Sei cozinhar.	나는 요리를 할 줄 안다.
Conheço o Pedro.	나는 뻬드루를 잘 안다.
Conheço o presidente do Brasil.	나는 브라질의 대통령을 만나봐서 안다.

A imagem do que amamos é como a nossa sombra: segue-nos por toda a parte. *(Provérbio espanhol)*

Em matéria de amor, importa que as primeiras impressões venham das belezas morais; as produzidas pela beleza física dissipam-se muito depressa. *(Madame Du Deffant)*

연습문제

1. 빈칸에 주어진 동사를 직설법 현재로 활용시켜 써넣고 번역하시오.

   1) (poder)   Ela não _____ chegar cedo à estação.
   2) (saber)   Você não _____ nadar muito bem.
   3) (pedir)   Eu, raramente, _____ licença para sair.
   4) (ouvir)   Onde é que você _____ missa?
   5) (poder)   Ela _____ visitar meus amigos antes do almoço.
   6) (saber)   Acho que ela já _____ esta poesia de cor.
   7) (pedir)   Ele _____ emprestada minha máquina de escrever.
   8) (ouvir)   Você _____ bem quando há muito barulho?
   9) (poder)   Ana, você _____ me mandar um livro depois de chegar lá?
   10) (impedir) Elas me _____ de completar essa tarefa.

30 재귀대명사와 재귀동사와의 관계

주격	eu	vós	tu	nós	ele(s), ela(s), você(s) senhor(es), senhora(s)
재귀대명사	me	vos	te	nos	se

levanto-me	eu me levanto
levantas-te	tu te levantas
levanta-se	ele se levanta
levantamo-nos	nós nos levantamos
levantais-vos	vós vos levantais
levantam-se	eles se levantam

Você *se levanta* cedo hoje.   너는 오늘 일찍 일어난다.
Eu *me deito* tarde.   나는 늦게 잔다.
Nós *nos sentamos* no banco.   우리는 의자에 앉는다.

1 재귀대명사

재귀대명사란 **주어가 행한 행위가 주어 자신에게 다시 돌아오는 대명사**를 말한다. 포어에는 me, te, se, vos, nos 등이 있는데 재귀동사는 이와 같은 재귀대명사를 가지는 동사로서 동사에 나타난 행동이 직접목적격·간접목적격대명사를 통해서 다시 주어에게로 되돌아오게 하는 역할을 한다. 따라서 재귀용법이라는 것은 동사가 나타내는 동작이 다시 주어로 돌아감을 뜻한다.

한 예로, levantar는 타동사로서 '들어올리다'의 뜻이지만 levantar-se는 '일어난다'는 뜻이다.

    Ela *levanta* a bandeira do Brasil.
    그녀는 브라질 국기를 든다. (levantar: 타동사)

Ela *se levanta* às seis da manhã.
그녀는 아침 여섯 시에 일어난다.(levantar-se: 재귀동사)
O Paulo *se levanta* muito cedo.
빠울루는 매우 일찍 일어난다.
Ela vai comprar o relógio para *si*.
그녀는 자기를 위해 시계를 살 것이다.

재귀대명사의 위치는 목적격대명사와 마찬가지로 주격대명사나 부정의 부사 등이 올 경우 동사의 앞에 온다. 그 외의 경우는 일반적으로 동사의 뒤에 하이픈을 이어 붙인다(이 때 1인칭 복수형에 주의할 것).

2 재귀대명사의 용법

1) **본래의 용법**
   동작이 자기 자신에게 돌아오는 것을 표시한다.

   A que horas você *se levanta* todas as manhãs?
   매일 아침 너는 몇 시에 일어나니?
   Levantamo-nos às oito horas.
   우리는 8시에 일어납니다(이 때 levantamos의 s는 생략됨).
   Como *se chama* aquela senhora?
   저 부인의 이름은 무엇입니까?

    예문 중의 동사는 타동사로서도 사용된다. 그러나, 재귀동사로만 사용되는 것도 일부 있다. 이것이 본래의 의미의 재귀동사라 할 수도 있겠다.

abster-se (a...)	…하는 것을 그만두다
arrepender-se (de...)	…을 후회하다
atrever-se (a...)	감히 …하다
queixar-se (de...)	…을 불평하다
suicidar-se	자살하다

2) **3인칭으로 수동의 의미**를 나타낸다. 주어가 무생물이고 행위자가 문장에 나타나 있지 않을 경우에만 사용된다. 광고나 알림 표시 문구에 많이 사용된다.

   Compram-*se* mobílias.   중고가구를 삽니다.
   Alugam-*se* casas.   집을 임대합니다.

Pede-*se* não fumar aqui.
여기는 금연구역입니다.

 이 경우 주어는 통상 동사의 뒤에 놓인다.

3) **소유자 개념**을 표시한다.

Sempre *me* lavo as mãos antes do jantar.
나는 언제나 저녁 식사 전에 손을 씻는다.

 이 예문에서 me는 간접목적격이고 그 의미는 소유를 나타낸다.

○ 비교 : Lavo-me todos os dias.
나는 매일 목욕을 한다(이 me는 직접목적격대명사임).

3 재귀동사가 형용사적인 용법으로 쓰이는 과거분사로 표현될 때에는 재귀대명사는 불필요하게 된다.

Ela está muito *arrependida*.
그는 매우 후회하고 있다.
Está *sentado* aqui há muito tempo.
너는 여기에 아주 오랜 시간 앉아 있다.

4 재귀대명사의 기타 용법

Eles *se* amam.
그들은 서로 사랑하고 있다(상호동작).
Onde *se* pega o ônibus?
어디서 버스를 탈 수 있습니까?(불특정 주어)

앞에서 본 재귀대명사의 용법 외에도 다른 여러 가지 경우에도 사용된다.

1) **상호동작**을 나타낸다. 이 때 주어는 복수이다.

José e Ana sempre *se* louvam.
쥬제와 아나는 언제나 서로를 칭찬한다.

Os namorados amam-*se* e enganam-*se*.
연인들은 서로 사랑하고 서로 속인다.

상호동작이라는 것을 명시하거나 강조하고자 할 때 다음과 같은 부사구가 함께 쓰인다.

mutuamente	서로서로
reciprocamente	상호적으로
um ao outro	남자가 두 사람 또는 남자와 여자 두 사람이 서로서로
uma à outra	여자만 두 사람이 서로서로
uns aos outros	남자만 세 사람 이상 또는 남자와 여자가 세 사람일 때
umas às outras	여자만 세 사람 이상일 때 서로서로

Eles se respeitam uns aos outros.
그들은 서로를 존경한다.

2) se가 주어로서 **불특정한 사람**을 나타낸다.

동사가 3인칭 단수형으로만 쓰인다. 이때 se는 수동을 나타내는 경우의 se와 실제로 구별이 잘 안되는 경우가 있다. 그것은 문맥에 따라 적당히 판단하지 않으면 안 된다. 일반적인 사람을 표시할 때인 경우는 우리말로 특별히 번역할 필요는 없다.

Não *se* pode acreditar em tal coisa.
(사람은) 그와 같은 것을 믿을 수 없다.(acreditar em... 「…을 믿다」)
Por onde se vai à Avenida Paulista?
(우리는) 어디로 가면 빠울리스따 대로로 갈 수 있습니까?
Precisa-*se* de faxineiros.
파출부 구함(precisar de ... 「…을 필요로 하다」)

3) 자동사와 함께 재귀대명사가 사용되면 **강조나 자발적 동작**을 나타낸다.

João, Já *se* vai embora?
쥬앙, 벌써 갈거니?(ir-se embora 「떠나다」).
A Ana vai-*se* rir da tolice dele.
아나는 그의 바보짓을 비웃을 것이다(rir-se de... 「…을 비웃다」).

▶ 아래와 같이 일정한 전치사를 동반하는 재귀동사가 있다.

afastar-se de...	…로부터 멀어지다
aproximar-se de(a)	…에 근접하다
arrepender-se de...	…을 후회하다
atrever-se a...	감히 …하다
casar-se com...	…와 결혼하다
encontrar-se com...	…와 만나다
esquecer-se de...	…을 잊어버리다
lembrar-se de...	…을 기억해내다
orgulhar-se de...	…을 자랑으로 생각하다
queixar-se de...	…에 대하여 불평을 하다

O avião a jato vai-se *afastar do* aeroporto de Pusan.
그 젯트기는 부산공항으로부터 멀어져간다.
Não *me atrevo a* dizer a verdade.
나는 사실대로 말할 용기가 없다.
Nós *nos orgulhamos de* ser honestos.
우리는 우리가 정직하다는 것을 자랑스럽게 여긴다.
Ele nunca *se queixa de* nada.
그는 결코 아무 것도 불평하지 않는다.
Você deve-*se esquecer do* passado.
너는 지나간 일을 잊어버려야 한다.

 조동사 뒤에 재귀대명사를 함께 쓰는 동사의 원형이 올 경우 브라질에서는 「**조동사 + 재귀대명사 + 동사**」의 원형의 순서가 보통이다. 또 기타의 목적격 인칭대명사의 경우도 마찬가지다.

31 중요한 불규칙동사의 직설법 현재(3)

dizer 말하다	fazer 만들다	querer 원하다	trazer 가져오다
digo	faço	quero	trago
dizes	fazes	queres	trazes
diz	faz	quer	traz
dizemos	fazemos	queremos	trazemos
dizeis	fazeis	quereis	trazeis
dizem	fazem	querem	trazem

O sorriso *diz* muito.
미소는 많은 것을 말한다.
O que você *faz* domingo?
일요일 너는 무엇을 하니?
O que você *quer* tomar?
무엇을 마시고 싶으냐?
Você *traz* o seu guarda-chuva todo dia?
너는 매일 우산을 가져오느냐?

1 dizer 동사의 용법

Às vezes, a criança diz o que lhe vem à cabeça.
가끔 아이는 생각나는 대로 말한다.(vir à cabeça 「…가 머리에 떠오르다」)
Por que o professor diz que você deve procurar outro emprego?
왜 교수님은 네가 다른 직업을 구해야 한다고 말씀하시는 거니?

주의! dizer 동사와 falar 동사의 용법상의 차이
▷ dizer 동사는 afirmar, declarar, enunciar 등의 동의어로 쓰인다.
O presidesnte *disse* que o país está no rumo certo.
대통령은 나라가 올바른 길을 가고 있다고 말했다.

Não *diga* nada a ele.
그에게 아무말도 하지 말아라.
Venha logo, *disse* o pai ao filho.
빨리 오너라, 아버지가 아들에게 말했다.
O bêbado *dizia* palavras sem nexo.
술주정뱅이가 횡설수설하였다.
Ele tinha *dito* que o incêndio fora proposital.
그는 화재는 방화였다고 말했다.

▷ falar 동사는 다음과 같은 문장에서 쓰인다.

Ele *fala* várias línguas.   그는 여러 나라 말을 한다.
Não *fale* com o motorista.   운전사에게 말을 걸지 마시오.
Ele *fala* muito, mas não diz nada.
그는 말은 많이 하지만 쓸데 있는 말은 안 한다.
Se você *falar* com ela, diga-lhe que não demore.
네가 그녀와 말을 하게 되면 그녀에게 늦지 말아달라고 말해라.

▷ 접속사 que와 함께 쓸 때는 falar가 아닌 dizer를 쓴다.

Ele *disse* que o incêndio havia sido criminoso.
그는 화재가 범죄성이 있었다고 말했다.

2 fazer 동사의 용법

Eu *faço* ginástica todos os dias.   나는 매일 체조를 한다.
Faz bom(mau) tempo hoje.   오늘은 좋은(나쁜) 날씨다.
Faz muito calor(frio).   대단히 덥다(춥다).

 위의 두 예문과 같이 3인칭 단수형으로 비인칭적(즉, 문법상의 주어가 없는)으로 기후를 표현한다. 예를 들면 **Que tempo faz hoje?**(오늘은 날씨가 어떤가?)라는 의문문에서 hoje가 주어처럼 보이지만 문법적으로는 부사이다. 이 문장에 대한 대답으로 hoje를 문장의 앞에 놓아 **Hoje faz muito vento** 라고 표현할 수도 있다.

Faz três anos que estudo português.
내가 포어를 배운 지가 3년이다.
O aluno me espera *faz* meia hora.
그 학생은 나를 30분전부터 기다리고 있다.

 두 문장의 faz 동사는 há로 바꿔 쓸 수 있다.

Você *faz* o relatório?　너는 보고서를 작성하니?
Quando você *faz* anos?
너는 언제가 생일이니?(fazer anos「생일을 맞다」)
Quero *fazer a barba* antes de tomar café.
나는 아침 식사를 하기 전에 면도를 하고 싶다.(fazer a barba「면도하다」)
Ele não *faz caso de* tal coisa.
그는 그런 것을 문제시하지 않는다.(fazer caso de…「…을 문제삼다」)
Não sei por que você *faz cerimônia* nesta casa.
나는 왜 네가 이 집에서 체면을 차리는지 모르겠다.
(fazer cerimônia「체면차리다」)
O Paulo *faz-se de* doente.
빠울루가 환자인 체한다.(fazer-se de…「…인 체하다」)

3　querer 동사의 용법

Você *quer* tomar café ou chá(preto)?
너는 커피나 홍차 중에서 무엇을 마시고 싶니?
Eu *quero* bem a meu irmão menor.
나는 남동생을 사랑한다.(querer bem a …「…을 사랑하다」)
Quero estudar português no ano que vem.
나는 내년에 포어를 공부하고 싶다.

4　trazer 동사의 용법

Trazemos a pasta.
우리는 가방을 가져온다.
Você pode-me *trazer* um copo d'água?
너는 내게 물 한 컵 가져다 줄 수 있겠느냐?
Ele me *traz* um pão e um guaraná.
그는 나에게 빵 한 개와 과라나 한 병을 가져다준다.

연습문제

1 재귀대명사에 주의하여 번역하시오.

1) Eu não me lembro do nome daquela aluna.
2) Eu me pareço com meu pai.
3) O egoísta pensa sempre em si mesmo.
4) Nós nos dirigimos aos nossos professores com todo o prazer.
5) Meu aluno se corresponde com muitas alunas.
6) Consertam-se sapatos.
7) Quanto se paga até a Avenida Paulista e por onde passa o metrô?
8) Vocês se dedicam à pesquisa lingüística.
9) O aluno se preocupa porque ainda não fala português bem.
10) Paulo encontra-se com sua namorada todas as noites.

2 다음 trazer 동사를 활용하여 써넣고 번역하시오.

1) Todos os dias ele _____ a filha aqui.
2) O padeiro _____ pão e o leiteiro _____ leite.
3) Eu sempre _____ meu relatório para nosso gerente.
4) Os carteiros _____ cartas.

3 다음 fazer 동사를 활용하여 써넣고 번역하시오.

1) Vocês _____ compras na loja nova?
2) Este restaurante _____ uma boa canja.
3) Nós _____ feijoada para os amigos.
4) Eu _____ viagens para a Europa.

4 다음 dizer 동사를 활용하여 써넣고 번역하시오.

1) Esta criança _____ a verdade?
2) Estas crianças _____ muitas mentiras.
3) Eu _____ que vou encontrá-lo no metrô.
4) Você _____ que vai visitá-lo.

5 다음 querer 동사를 활용하여 써넣고 번역하시오.

1) Meus amigos _____ me ajudar.
2) O ladrão _____ assaltar esta mulher.
3) Nós _____ ver este filme.
4) Por que você _____ entrar neste restaurante?

32 관계대명사

> O mecânico conserta a pia *que* está quebrada.
> 수리공이 깨진 세면대를 고친다.
> O *que* mais chama a minha atenção na casa é o relógio.
> 이 집에서 나의 주의를 가장 많이 끄는 것은 시계다.
> Este é o professor de *quem* lhe falei.
> 이 선생님이 내가 네게 말했던 분이다.

1 que

선행사로써 사람이나 물건이 올 수 있고 전치사와 함께 사용될 수도 있다. 전치사와 함께 쓰일 경우 반드시 관계대명사의 앞에 와야 한다. 영어와는 달라서 관계대명사가 생략되지 않는다.

A mesa *que* eu tenho é muito pequena.
내가 가지고 있는 책상은 아주 작다.
O filme de *que* gostei muito não ganhou o Oscar.
내가 아주 마음에 들어했던 영화가 오스카 상을 타지 못했다.
Esta é a razão por *que* estou com dor de barriga.
이것이 내 배가 아픈 이유이다.
A cidade em *que* moro chama-se Seul.
내가 살고 있는 도시는 서울이다.

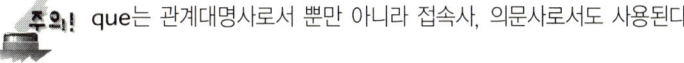
주의! que는 관계대명사로서 뿐만 아니라 접속사, 의문사로서도 사용된다.

2 o que

선행사는 없고 '…하는 것'의 의미가 된다. 또 앞에서 언급한 것을 막연히 받아서 '그것'을 가리킬 수도 있다.

Não quero saber *o que* aquele malandro está explicando.
나는 저 나쁜 녀석이 설명하는 것을 알고 싶지 않다.
Ela está muito nervosa, *o que* é ruim.
그녀는 대단히 신경이 예민한데, 그것은 좋지 않다.
A casa está aberta, *o que* parece estranho.
집이 열려있다. 그것은 이상하다.

 ▷ 정관사를 대명사적으로 사용하는 경우 관계대명사 que와 합쳐 사용할 때가 있다. 관계대명사 **o que**와 혼동하지 않도록 주의하는 게 필요하다.

O senhor deseja este livro, ou o *que* está na mesa?
당신이 이 책을 아니면 책상 위에 있는 것을 원하십니까?
(o que... = o livro que...)

▷ **os que**라는 형태의 특별용법으로도 쓰이는데 이 때 '...하는 사람들'이란 의미로 쓰인다.

Você deve pensar nos que não podem continuar a estudar por causa do dinheiro.
너는 돈 때문에 공부를 계속하지 못하는 사람들을 생각해야만 한다.
(os que... = aqueles que...)

3 quem

선행사로써 사람을 취하고 선행사를 받는 경우는 항상 전치사를 동반한다. 이것이 단독으로 선행사 없이 사용될 때는 '…하는 사람, …하는 사람들'의 의미다.

A moça com *quem* eu viajei é brasileira.
내가 함께 여행한 아가씨는 브라질사람이다.
Quem paga sou eu.
내가 돈을 내겠습니다.

4 o qual, os quais, a qual, as quais

이 관계대명사는 선행사로 사람과 물건을 같이 취할 수 있으며 선행사를 강조하거나 좀 더 명확히 밝히고자 할 때 쓰인다. 또 전치사와 함께 쓰이는 경우, 단음절 전치사 이외의 전치사 뒤에서는 일반적으로 이 관계대명사 대신 quem이 쓰인다.

Aqui tem(há) muitos livros, dentre *os quais* você pode escolher um.
여기 책이 많이 있는데 이것들 중에서 너는 한 권을 골라라.
Ele guarda a carteira na gaveta n*a qual* também guardamos.
그는 우리들이 보관하는 그 서랍에 지갑을 보관한다.
A palavra, *à qual* nos referimos é portuguesa.
우리가 말하고 있는 단어는 포어이다.

5 quanto, quantos, quanta, quantas

선행사로써 tudo, todo(s), toda(s), tanto(s), tanta(s)가 오는 경우와 이것이(tudo를 제외하고) 형용사로서 명사를 수식하고 있는 경우가 있으며 수식하는 명사에 일치하여 성과 수에 있어 변화를 한다. '…하고 있는 사람 또는 …한 물건' 의 의미이다. 그러나 일반적으로 선행사가 문장 상에 나오지 않는 형태인 quanto, quantos, tudo quanto, todo quanto가 많이 사용되기도 한다.

(Todos) *Quantos* moram lá querem trabalhar mais.
거기에 사는 사람은 모두 좀 더 많이 일을 하고싶어한다.
(= *Todas as pessoas que* moram lá querem trabalhar mais.
 = *Todos aqueles que* moram lá querem trabalhar mais.)
Não me agrada *(tudo) quanto* ele faz.
그가 하는 것은 모두 내 맘에 들지 않는다.
(= Não me agrada *tudo o que* ele faz.
 = Não me agrada *tudo aquilo que* ele faz.)
Este dinheiro é *todo quanto* temos.
이 돈은 우리가 가지고 있는 전부이다.

33 관계형용사, 관계부사

> Conheço um aluno *cujo* pai morreu.
> 아버지가 돌아가신 한 학생을 안다.
> A cidade *onde* eu moro tem uma igreja antiga.
> 내가 살고 있는 도시에는 아주 오래된 교회가 하나 있다.

1 cujo, cujos, cuja, cujas

선행사의 소유를 표시하는 관계형용사로 그 형태는 수식하는 명사의 성과 수에 일치하여 변한다.

O autor *cujo* nome está nesta lista não vem à festa.
이 명부에 이름이 있는 그 작가는 파티에 오지 않는다.
A moça *cuja* mãe mora em Seul não vai telefonar para você.
모친이 서울에 살고 있는 그 아가씨는 네게 전화하지 않을 것이다.

 이 관계대명사는 영어의 whose와 비슷하지만 의문문의 문두에는 오지 못한다. 따라서 이런 문장을 만들고자 할 때는 다음과 같이 한다.
De quem é a mesa?
누구의 책상인가?(Cuja é a mesa?는 옳지 않은 표현임)

2 기타의 관계형용사: quanto, quantos, quanta, quantas

이들 관계형용사는 그것이 꾸미는 명사의 성과 수에 일치하여 변화한다. 그리고 그 의미는 '…하는 것 모두'가 된다.

Dá-me *quantos* livros tem.
가지고 있는 책을 모두 내게 주어라
(= Dá-me *todos os* livros *que* tem. = Dá-me *todos quantos* livros tem.)

Tomo *quantos* remédios estão sobre a mesa.
나는 책상에 있는 모든 약을 먹는다.
(= Tomo *todos os* remédios *que* estão sobre a mesa.
 = Tomo *todos quantos* remédios estão na mesa.)

3 onde

장소를 나타내는 말을 선행사로 취하는 관계부사로 선행사가 문장에 나타나지 않을 때도 있다. em que와 같은 의미로 쓰이면서 전치사를 동반하기도 한다.

Em casa *onde* não há pão, todos ralham e ninguém tem razão.
빵이 없는 집에서는 모두가 서로 싸우고 이성이 없다.
Este é o caminho por *onde* ele vai à padaria.
이 길이 그가 빵집에 가는 길이다.
Faço compras na loja *onde* vendem muitas coisas a prestações.
나는 많은 것을 월부로 팔고 있는 가게에서 물건을 산다.
(vender a prestações 「월부로 팔다」)

4 quando

시간을 나타내는 말을 선행사로 취하며 관계부사로도 사용된다. 이때 em que로 대신할 수도 있다.

Amanhã é o dia *quando* recordamos o descobrimento do Brasil por Cabral.
내일은 우리들이 까브랄이 브라질을 발견한 것을 기억하는 날이다.

연습문제

① 관계대명사, 관계형용사, 관계부사에 주의하여 번역하시오.

1) A mulher que está ao seu lado é muito parecida com sua mãe.
2) O Distrito Federal é onde fica a sede da administração do Brasil.
3) Elas dizem o quem querem, por isso ouvem o que não querem.
4) Aqui está o moço a quem dou lições de português.
5) Ela não está em casa, o que é muito estranho.
6) Ela gosta muito de tudo quanto eu faço.
7) Ele me apresenta seus amigos, alguns dos quais já conheço bem.
8) Qual é o preço dessa roupa que está na vitrina?
9) A casa em que você mora é grande ou pequena?
10) Você sabe como se chama a rua onde está a Embaixada do Brasil?
11) Este avião é o que vai ao Rio.
12) Os amigos em cuja casa estamos são muito atenciosos conosco.

② 다음의 문장에 알맞은 관계대명사를 골라 넣고 번역하시오: que, quem, onde, em que.

1) Comprei o perfume de _____ você tanto gosta.
2) Roubaram a igreja _____ eu fui batizado.
3) O rapaz com _____ você me viu é meu aluno.
4) A viagem em _____ ela sempre pensa é impossível.
5) Regina é a garota em _____ sempre penso.
6) O prédio _____ trabalha o Dr. Henrique fica perto do correio.
7) A notícia _____ você nos deu me deixou muito triste.
8) Esta é a universidade _____ eu estudei.
9) O homem _____ está aí é o professor.
10) O professor de _____ sempre lhe falo é seu amigo.

34 분수와 배수

분수			
2분의 1	um meio, uma metade		
3분의 1	um terço	8분의 1	um oitavo
4분의 1	um quarto	9분의 1	um nono
5분의 1	um quinto	10분의 1	um décimo
6분의 1	um sexto	11분의 1	um onze avos
7분의 1	um sétimo	100분의 1	um centésimo
배수			
2배(의)	duplo,	2배	dobro
3배(의)	triplo		
4배(의)	quádruplo		
5배(의)	quíntuplo		
10배(의)	décuplo		
100배(의)	cêntuplo		

1 분수의 용법

1) **분자**에 **기수**, **분모**에 **서수**를 사용한다.

　　três quartros　　4분의 3

2) **분모가 11이상**의 경우에 분모는 기수 다음에 **avos**를 붙인다. 다만 100분의 1, 또는 1000분의 1등과 같이 **끝 수가 없는 숫자가 분모일 때**는 서수를 써준다.

　　17분의 10　　dez dezessete avos
　　13분의 5　　cinco treze avos
　　100분의 4　　quatro centésimos

1,000분의 1   um milésimo
1,000,000분의 1   um milionésimo

▶ 2분의 1을 나타내는 meio는 형용사이고 metade는 명사이다.

meia hora 30분   meia dúzia 반 타스   meio dia 반 나절

주의! meio-dia 정오   meia-noite 자정

▶ 분수의 또 다른 표현

분수를 나타내는데 분모의 서수에 parte(s)를 붙이는 형태도 있다.

2분의 1	uma meia parte	7분의 1	uma sétima parte
3분의 1	uma terça parte	8분의 1	uma oitava parte
4분의 1	uma quarta parte	9분의 1	uma nona parte
5분의 1	uma quinta parte	10분의 1	uma décima parte
6분의 1	uma sexta parte	100분의 1	uma centésima parte

▶ '몇 분의 몇'이라고 하는 표현도 있다.

이 때에는 de와 함께 명사가 온다. 몇 분의 1로 표현할 때 정관사를 사용 a metade de라고 하여야 하며 uma metade de라고 쓰지 않는다.

…의 2분의 1   a meia parte de..., a metade de...
…의 3분의 1   a terça parte de...
…의 5분의 2   duas quintas partes de...

A *metade d*a população do Brasil   브라질 인구의 절반
A *quarta parte d*os meus livros   내 책의 4분의 1

2 배수의 용법

1) 4배 이상은 통상 quádruplo, …보다도 「**기수 + vezes + 비교급**」형을 사용한다.

Ele tem *o dobro(duplo)* do meu livro.
그는 나보다 책을 두 배 많이 갖고 있다.
Esta casa custa *4 vezes mais* do que a minha.
이 집은 내 집보다 4배나 더 비싸다.

2) 배수는 「**기수 + tantos**」의 형태로 쓸 수 있다.

> Ele tem *dois tantos* da minha idade.
> 그는 나보다 두 배 나이가 많다.

O povo brasileiro

A população brasileira é formada por três raças — índios, negros africanos e europeus.

Quando os portugueses chegaram ao Brasil em 1500, a enorme área, que é hoje o país, era habitada por cerca de um milhão de índios. A partir da segunda metade do século XVI, negros africanos foram trazidos para o Brasil pelos colonizadores para trabalhar na produção de açúcar. Até o século XIX pelo menos 3,5 milhões de negros (provavelmente muito mais) foram transportados da África para o Brasil pelos comerciantes de escravos. A partir da segunda metade do século XIX, grande número de imigrantes, mais de 5 milhões, vindos da Itália, de Portugal, da Espanha, da Alemanha e dos outros países da Europa Central e do Oriente Médio, foram recebidos pelo país. Os japoneses, um povo que não era conhecido pelos brasileiros até então, começaram a chegar em grandes ondas a partir de 1908.

A população brasileira atual é, portanto, resultado do encontro de muitos povos. A importância de cada raça, no entanto, varia de região para região. Os brancos predominam nos estados do sul, onde foi recebido o maior número de imigrantes europeus. O elemento índio tem grande importância na bacia do Amazonas — onde se concentram os 'caboclos', descendentes de índios e portugueses. Os negros e mulatos são encontrados em maior número nos estados do Nordeste e do Centro, onde era maior a população escrava.

35 직설법 현재완료

ter의 직설법 현재 + 과거분사(falar - falado)	
tenho falado	temos falado
tens falado	tendes falado
tem falado	têm falado

Ultimamente *tenho* feito muita coisa.
최근 나는 많은 것을 하고 있다.
Ela *tem estado* doente desde o começo deste mês.
그녀는 이달 초부터 병이 났다.

1 이 경우 **과거분사는 성·수 변화를 하지 않는다**. 또 두개의 과거분사를 가지는 동사에서는 **규칙변화형**을 사용한다.

2 현재완료는 영어의 경우보다 그 용법이 훨씬 적다. 포어(특히 브라질)에서는 과거에 시작되고 현재까지 되풀이되는 동작이나 과거부터 현재까지 지속되는 상태를 나타낸다.

João *tem acordado* cedo desde a semana passada.
주앙은 지난주부터 일찍 깨어난다.
Tem feito muito calor neste verão.
이번 여름은 대단히 덥다(아직 여름이 끝나지 않았을 경우).
Ana *tem sentido* dor de barriga nestes três últimos dias.
아나는 요전 3일 동안 복통을 느끼고 있다.

주의! 위의 nestes três últimos dias는 지시형용사, 수사, 형용사, 명사의 순서가 된다.

Como *tem passado* o senhor? 당신은 요사이 어떻게 지냅니까?

▶ 다음 예와 같이 정해진 관용적 문구로 완료의 의미를 강조하는 것도 있다.
Tenho dito. 이상입니다(연설이나 발표의 마지막에 쓰는 말).

36 직설법 미래

comprar 사다	beber 마시다	partir 떠나다
comprarei	beberei	partirei
comprarás	beberás	partirás
comprará	beberá	partirá
compraremos	beberemos	partiremos
comprareis	bebereis	partireis
comprarão	beberão	partirão

Algum dia ela *comprará* uma casa.
언젠가 그녀는 집을 한 채 살 것이다.
Eu *farei* o possível para enviar as encomendas o mais cedo possível.
나는 주문품을 되도록 빨리 보내주기 위해 최선을 다할 것 입니다.
Ele *terá* mais de quarenta.
그는 40이 넘었을 것이다.

1 **직설법 미래의 활용**은 어미에 -ei, -ás, -á, -emos, -eis, -ão을 더한다. 그러나 **dizer · fazer · trazer** 등과 같이 -zer로 끝나는 동사는 다음과 같이 변한다.

dizer 말하다	fazer 만들다	trazer 가져오다
direi	farei	trarei
dirás	farás	trarás
dirá	fará	trará
diremos	faremos	traremos
direis	fareis	trareis
dirão	farão	trarão

2 직설법 미래의 용법

1) 미래의 **동작**이나 **상태**를 나타낸다.

> O navio *partirá* dentro de meia hora.
> 그 배는 30분 내에 출발할 것이다.
> Amanhã, meu pai e eu *faremos* um passeio pelo parque.
> 내일, 아버지와 나는 공원을 산책할 것이다.
> Você *gostará* da praia de Ipanema.
> 너는 이빠네마 해변이 맘에 들 것이다.
> Ela *estará* lá sem falta.
> 그녀는 반드시 거기에 있을 것이다.
> Maria *será* médica.
> 마리아는 의사가 될 것이다.

2) **현재의 사실에 대한 추측**을 나타낸다.

> Onde *estará* minha namorada?
> 나의 연인은 어디에 있을까?
> Isso *será* possível?
> 그런 일이 가능할까?

3 직설법 미래는 **성서**나 **격언** 등의 표현에서 명령법의 대용으로 많이 쓰인다.

> *Defenderás* os teus direitos.   당신의 권리를 지켜라.
> *Honrarás* pai e mãe.   부모를 공경하여라.

4 직설법 미래와 목적격 대명사(재귀대명사도 포함)가 동시에 나타날 때에는 목적격 대명사를 **동사 앞**에 놓는 것이 보통이다.

> Nós *nos encontraremos* lá amanhã.
> 내일 우리들은 거기서 만날 것이다.
> Você *me verá* na portaria do hotel.
> 너는 그 호텔 입구에서 나를 만날 것이다.

5 문어체에서는 목적격 대명사가 직설법 미래의 **동사 뒤**에 오는 것이 있다. 이 경우에는 다음과 같이 된다.

1) 3인칭의 직접목적격 o, os, a ,as의 경우는 각각 -lo, -los, -la, -las로 바꾸어 **동사 자체 내**에 삽입된다.

>Encontrá-*lo*-ei amanhã.
>나는 내일 그와 만날 것이다.
>Conhecê-*la*-emos na próxima vez.
>우리는 다음 기회에 그녀를 알게 될 것이다.
>Construí-*lo*-ão dentro de um ano.
>그들은 1년 내에 그것을 건설할 것이다.

2) 그 외의 목적격인 경우는 **동사의 원형과 미래형 어미와의 사이**에 끼워서 표현 한 다.

>Ensinar-*me*-á coreano.
>그는 나에게 한국어를 가르쳐 줄 것이다.
>Realizar-*se*-á amanhã uma reunião em homenagem às vítimas da guerra.
>내일 전쟁희생자에게 경의를 표시하는 모임이 있을 것이다.

6 미래의 어느 시점 이전에 완료되는 행위를 나타내기 위해서 **직설법 미래완료**(ter 또는 haver의 직설법 미래 + 과거분사)를 사용한다.

>No fim deste mês, o governo *terá tomado* todas as medidas.
>이 달 말에 정부는 모든 수단을 강구할 것이다.

이 외에 어떤 행위, 상태가 현재까지 완료되었을 것이라고 추정되는 경우에도 사용된다.

>*Terá passado* o furacão?
>태풍은 이미 지나갔을까?

연습문제

① 다음을 번역하시오.

> **Penso** muito no meu futuro. Todos pensamos muito! Onde estarei daqui a 5 anos? Estarei trabalhando?
>
> Continuarei na mesma cidade? Terei filhos? Minha vida será mais fácil ou mais difícil?
>
> Como estará a minha saúde? E minha família, como andará?
>
> Meus irmãos continuarão perto de mim? Precisarei estudar mais? Vou me especializar? Falarei mais idiomas?
>
> Estarei mais familiarizado com o computador? O mundo terá resolvido seus grandes problemas?
>
> Teremos um meio-ambiente mais agradável?

Um freguês diferente

Um motorista escolhe uma mesa num restaurante e pede seu prato preferido. O garçom, todavia, demora muito a servi-lo. Enquanto isso, um senhor, sentado a uma mesa mais ao fundo, recebe as atenções e os serviços de vários garçons. Então o motorista, intrigado, pergunta ao garçom por que não está sendo atendido como aquele senhor:

– Aquele — explicou o garçom — é o dono do restaurante!

37 직설법 완전과거(규칙동사)

comprar 사다	beber 마시다	partir 떠나다
comprei	bebi	parti
compraste	bebeste	partiste
comprou	bebeu	partiu
compramos	bebemos	partimos
comprastes	bebestes	partistes
compraram	beberam	partiram

Comprei um carro usado do amigo.
나는 친구로부터 중고차 한 대를 샀다.
Você *compreendeu* bem o que o professor lhe explicou?
너는 선생님이 네게 설명한 것을 잘 이해하였니?
Eles *partiram* para o Japão há um mês.
그들은 한 달 전에 일본으로 출발하였다.

1 규칙동사의 직설법 완전과거의 활용어미는 다음과 같다.

-ar 동사: -ei, -aste, -ou, -amos, -astes, -aram
-er 동사: -i, -este, -eu, -emos, -estes, -eram
-ir 동사: -i, -iste, -iu, -imos, -istes, iram

1인칭 복수형은 어느 동사에서나 마찬가지로 직설법 현재의 경우와 똑같다. 또 -car, -çar, -gar로 끝나는 동사는 발음상 1인칭 단수형 어미가 각각 -quei, -cei, -guei로 된다.

ficar - fiquei   começar - comecei   chegar - cheguei

2 직설법 완전과거는 과거에 동작, 상태가 완료하였다는 것을 나타낸다.

Anteontem ele *vendeu* a sua casa por um bom preço.
그저께 그는 자기 집을 좋은 가격으로 팔았다.

 값을 나타내는 데는 전치사 por를 사용한다.

Comprei esta mala por 10 reais.
나는 이 가방을 10 헤아이스에 샀다.
Eu *fiquei* em casa ontem.
나는 어제 집에 있었다.
Procuramos nosso livro e o *encontramos* aqui.
우리들은 우리들의 책을 찾았는데 여기서 그것을 찾아냈다.
Eu, *fiquei*, realmente, muito triste com o que lhe aconteceu.
나는 정말 그에게 일어난 사건으로 무척 슬펐다.

 acontecer「일어나다」는 항상 사물이 주어이며 그 다음에「com + 사람」을 쓰면「사람에게 …가 일어나다」의 의미가 된다.

Ontem eu *convidei* meus amigos para o jantar.
나는 어제 친구를 저녁에 초대하였다.
Em que dia você *nasceu*? - *Nasci* no dia 20 de março.
당신은 언제 태어났습니까? – 나는 3월 20일에 태어났습니다.
A empregada *mandou* consertar a geladeira há 5 dias.
하녀가 냉장고를 수리하라고 5일 전에 시켰다.
Comprei o carro mais caro da loja.
나는 그 가게에서 가장 비싼 차를 샀다.
Ela *abriu* uma loja pequena.
그녀는 작은 가게를 하나 열었다.
Quanto *custou* o livro de português?
그 포어 책은 얼마였습니까?

연습문제

1) 다음을 완전과거 동사를 유의하여 번역하시오.

> Eu nasci no dia 23 de outubro de 1976 numa pequena cidade do interior. Fui o primeiro filho de um casal de agricultores. Meu pai ficou muito orgulhoso e deu uma grande festa. Convidou quase toda a vizinhança e ofereceu um grande churrasco. Meu avô e minha avó também ficaram muito emocionados e dançaram o tempo todo. Minha mãe tirou umas fotografias lindas!
>
> Fui filho único por apenas dois anos porque depois nasceu minha irmã, Josefa. Ela deu muito trabalho, chorou muito nos primeiros anos de vida.
>
> Hoje eu tenho 23 anos e minha irmã, 21.
>
> Terminei a faculdade no ano passado e agora trabalho numa firma de engenharia. Não é uma empresa grande mas gosto do meu trabalho e dos meus colegas. Tenho bastante serviço mas recebo um bom salário. Estudo inglês à noite e nos fins de semana saio com minha namorada. Ela é linda e estou muito feliz! Minha irmã Josefa estuda na Faculdade de Economia. É muito comportada e já não dá trabalho aos meus pais. Ela ainda não tem namorado.

achar와 encontrar의 차이

achar 은 찾고 있는 것을 한정 지을 때
  Achou o que procurava.
  O menino achou o gato perdido.

Encontrar 는 목적없이 사람에게 알려질 때
  Agricultores encontram ouro na roça.
  Documento raro encontrado no porão biblioteca.

38 직설법 완전과거(불규칙동사 1)

ser/ir	estar	ter	haver	dar	ver	vir
fui	estive	tive	houve	dei	vi	vim
foste	estiveste	tiveste	houveste	deste	viste	vieste
foi	esteve	teve	houve	deu	viu	veio
fomos	estivemos	tivemos	houvemos	demos	vimos	viemos
fostes	estivestes	tivestes	houvestes	destes	vistes	viestes
foram	estiveram	tiveram	houveram	deram	viram	vieram

Eu *fui* ao cinema ontem.
나는 어제 영화관에 갔다.

O senhor já *esteve* no Brasil?
당신은 브라질에 가본 적이 있습니까?

Vocês *vieram* junto?
너희들은 같이 왔니?

Houve um grande terremoto no Japão no ano passado.
지난 해 일본에서 큰 지진이 있었다.

1 용법

O inverno passado *foi* muito frio em Portugal.
지난 포르투갈의 겨울은 매우 추웠다.

Os alunos *estiveram* em minha casa para me pedir desculpas.
학생들은 나에게 용서를 구하기 위해 집으로 왔다.

> **주의!** estar em+장소 또는 estar+장소부사는 완전과거일 때 '…에 갔다 왔다, …가 본 적이 있다'고 번역해야할 때가 있다.

Os alunos *tiveram* uma excelente viagem do Rio a São Paulo.
그 학생들은 리우에서 상파울루까지 멋진 여행을 하였다.

Houve(Teve) muita gente na festa de aniversário de ontem.
어제 생일 파티에 많은 사람이 있었다.

Vi um filme muito interessante anteontem.
나는 그저께 매우 재미있는 영화를 하나 보았다.

Por que você não *foi* ao jardim botânico, quando esteve no Rio?
너는 리우에 갔을 때 왜 식물원에 가지 않았니?

Eu *fui* ao Rio no ano passado.
나는 작년에 리우로 갔다.

Esses coreanos *vieram* para o Brasil em janeiro deste ano.
그 한국인들은 금년 1월에 브라질에 왔다.

Vim vê-los duas vezes no mês passado, mas não os encontrei em casa.
나는 그들을 만나러 지난 달 두 번 왔는데 그들은 집에 없었다.

Você *veio* de táxi?
너는 택시를 타고 왔니?

Não, *vim* de ônibus.
아니, 버스로 왔어.

> Não pergunte só pelo que o seu país pode fazer por você, mas sobretudo o que você pode fazer por ele.
> (John. F. Kennedy)

39 직설법 완전과거(불규칙동사 2)

dizer 말하다	fazer 만들다	poder 할 수 있다
disse	fiz	pude
disseste	fizeste	pudeste
disse	fez	pôde
dissemos	fizemos	pudemos
dissestes	fizestes	pudestes
disseram	fizeram	puderam

querer 원하다	saber 알다	trazer 가져오다	pôr 놓다
quis	soube	trouxe	pus
quiseste	soubeste	trouxeste	puseste
quis	soube	trouxe	pôs
quisemos	soubemos	trouxemos	pusemos
quisestes	soubestes	trouxestes	pusestes
quiseram	souberam	trouxeram	puseram

O senhor *fez* ginástica hoje de manhã?
당신은 오늘 아침 체조를 했습니까?
Ele não *pôde* jogar futebol ontem de tarde.
그는 어제 오후 축구를 할 수 없었다.
Não *quis* conversar com ela.
나는 그녀와 말하고 싶지 않았다.
Paulo, onde você *pôs* a minha caneta?
빠울루, 내 펜을 어디에 두었느냐?

1 용법

Vocês *fizeram* café?
너희들은 커피를 준비했느냐?

Ela me *disse* toda a verdade sobre este problema.
그녀는 나에게 이 문제에 대하여 모든 진실을 말해주었다.

Os moços não *disseram* quase nada a seu respeito.
그 청년들은 너에 대해 거의 아무 것도 말하지 않았다.

Vocês *fizeram* uma reserva para Manaus ontem.
당신들은 어제 마나우스행을 예약하였습니다.

As moças não *souberam* a verdade até o último momento.
그 아가씨들은 최후의 순간까지 진실을 알지 못했다.

Ontem *soubemos* que ela estava doente.
어제 우리는 그녀가 아프다는 것을 알았다.

O senhor *trouxe* o guarda-chuva?
당신은 우산을 가져왔습니까?

Meus primos *trouxeram*-me boas notícias da família.
나의 사촌들이 가족에 대한 좋은 소식을 내게 가져왔다.

O Paulo *pôs* uma carta no correio ontem.
빠울루는 어제 편지를 부쳤다. (pôr carta no correio 「편지를 보내다」)

Você *foi* à festa de casamento do João?
너는 쥬앙의 결혼잔치에 갔니?

Eu não *trouxe* a pasta.
나는 가방을 가져오지 않았다.

Quem *fez* isso?
누가 그것을 했느냐?

 연습문제

1) 다음을 읽고 번역하시오.

> Ontem nosso guia nos mostrou as Cataratas do Iguaçu. Saímos do hotel logo depois do café da manhã. O ônibus já estava nos esperando. Cinco minutos depois, ele partiu. Todos nós estávamos contentes. O ônibus seguiu pela estrada até a fronteira com a Argentina. Lá descemos do ônibus e tomamos um barco pequeno. Não dissemos uma palavra, nem fizemos barulho durante a viagem de barco porque tudo nos parecia perigoso: estávamos muito perto das cataratas.
>
> Foi bom chegar à Argentina. À tarde o ônibus nos trouxe de volta para o hotel. Estávamos muito cansados, mas felizes.

Em busca da perfeição

A mãe, conversando com a filha, pergunta:
— Então, como é? Você ainda não arranjou namorado?
— Eu, não. Estou procurando o homem perfeito!
— O homem perfeito? E isso existe?
— Claro que existe. Eu até já encontrei!
— Não me diga! Pois trate de agarrá-lo, case-se logo com ele!
— Não posso, mãe. O cretino está procurando a mulher perfeita!

40 직설법 불완전과거

comprar 사다	beber 마시다	partir 떠나다
comprava	bebia	partia
compravas	bebias	partias
comprava	bebia	partia
comprávamos	bebíamos	partíamos
compráveis	bebíeis	partíeis
compravam	bebiam	partiam

ser 이다	ter 가지다	vir 오다	pôr 놓다
era	tinha	vinha	punha
eras	tinhas	vinhas	punhas
era	tinha	vinha	punha
éramos	tínhamos	vínhamos	púnhamos
éreis	tínheis	vínheis	púnheis
eram	tinham	vinham	punham

A Maria *ia* à igreja todos os domingos.
마리아는 매주 일요일 교회에 가곤 했다.
Antigamente o Paulo *bebia* muito.
옛날에 빠울루는 술을 많이 마셨다.
Quando a Maria me chamou, eu *lia*(estava lendo) uma revista.
마리아가 나를 불렀을 때 나는 잡지를 읽고 있었다.
Quando *era* menino, gostava de brincar.
내가 어렸을 때 장난치는 것을 좋아했었다.
Enquanto eu *estudava*, meu irmão assistia à televisão.
내가 공부를 하고 있는 동안 동생은 텔레비전을 보고 있었다.

1 직설법 불완전 과거의 활용은 어미가 다음과 같다.

-ar 동사 : -ava, -avas, -ava, -ávamos, -áveis, -avam
-er, ir 동사 : -ia, -ias, -ia, -íamos, -íeis, -iam

2 용법

직설법 완전과거는 과거에 있어서의 동작, 상태의 완료를 나타내는 데 대하여 불완전 과거는 과거에 있어서의 진행, 지속되고 있던 동작이나 상태, 과거의 규칙적인 또는 불규칙적인 습관을 나타낸다.

1) **과거**에 있어서의 **동작, 상태를 지속**하고 있는 사실로서 나타냄.

   Salvador *era* a capital do Brasil.
   살바도르는 브라질의 수도였다.

   > 주의! Salvador **foi** a capital do Brasil por muitos anos.
   > 살바도르는 오랫동안 브라질의 수도였다.

   Há um ano que *morava* no Rio.
   나는 일년 전에 리우에 살고 있었다.
   ※ 비교: Há um ano que *morei* no Rio.
   내가 일년 전에 리우에 살았었다.

2) **과거의 습관** 또는 **반복된 동작**을 나타낸다.

   No ano passado eu *ouvia* música todas as noites.
   지난 해 나는 매일 밤 음악을 듣곤 했다.
   Minha mãe sempre *fazia* um bolo nos fins-de-semana.
   나의 어머니는 언제나 주말이면 케익을 만들곤 했다.

3) **과거** 시점에 있어서 **진행하고 있는 동작이나 상태**를 나타낸다.

   Estávamos à mesa quando meus amigos chegaram.
   내 친구들이 도착했을 때 우리들은 식사 중이었다.
   (estar à mesa 「식사 중이다」)

Eram oito da noite quando começou a chover.
비가 오기 시작한 때는 밤 8시였다.
Saía(Estava saindo · Ia saindo) de casa quando ela me telefonou.
그녀가 나에게 전화를 걸었을 때 나는 집을 나서고 있었다.

주의! 과거에 있어서 진행되어 온 동작에 대하여 과거진행형을 사용할 수가 있다.

4) **과거**에 **동시에 진행되는 동작이나 상태**를 나타낸다.

Em 2000, quando o Paulo estava em São Paulo, estudava muito.
2000년, 빠울루가 상파울루에 있었을 때 공부를 매우 열심히 했었다.
Ouvia músicas clássicas quando era estudante.
나는 학생이었을 때 고전음악을 즐겨듣곤 했다.

5) 현재의 일에 대한 **정중한 표현** 또는 **완곡한 표현**을 하고자 할 때 사용된다.

Queria alugar esta casa.
나는 이 집을 세내고 싶다.
Desejava falar com o professor da sua universidade.
네 대학의 교수와 이야기를 하고 싶다.

6) **과거**에 있어서 **미래**를 나타낸다. 이것은 직설법 과거미래의 대용인데 구어에서 는 이 불완전 과거가 더 많이 쓰이고 있다.

Daniel disse-me que *ia* ao cinema no dia seguinte.
다니엘은 나에게 다음 날에 영화관에 갈 것이라고 말했었다.

7) 전설이나 우화 등에서 **막연한 과거**를 나타내는 표현에서 사용된다.

Era uma vez havia um rei muito mau.
옛날 아주 나쁜 왕이 있었습니다.

연습문제

1 다음 이야기를 번역해보시오.

> Nós moramos em Campinas durante 10 anos e Josefa e eu freqüentamos a escola primária local. Mais tarde, meu pai resolveu mudar para uma cidade grande. Eu gostava do interior. Nós éramos livres lá. Me lembro que podíamos brincar na rua sem perigo e que íamos à aula a pé. Eu levava Josefa pela mão porque ela era menor. Me recordo que passava horas das minhas tardes sentado perto do riacho e que conversava com meus amigos. Nós brincávamos muito e inventávamos muitas brincadeiras.
>
> Não assistia à televisão porque não me interessava. Aos sábados, íamos pescar com nossos pais e muitas vezes passávamos o dia inteiro fora. Minha mãe cozinhava muito bem e ficávamos deitados na rede.

2 다음 주어진 단어를 불완전 과거로 활용하여 빈칸에 써넣고 번역하시오.

> 보기: (gostar) Antigamente eu <u>gostava</u> desses filmes.

1) (comprar)   Antigamente eu _____ tudo nesta loja.
2) (fumar)   Antigamente ele não _____ muito.
3) (estudar)   Antigamente nós todos _____ nesta escola.
4) (atender)   Antigamente nós _____ os clientes no primeiro andar.
5) (ir)   Antigamente a gente _____ à escola a pé.
6) (ser)   Ele _____ bom aluno, quando criança.
7) (ter)   Antigamente estas cidades _____ ruas calmas, com muitas árvores.
8) (chegar/sair) Antes a senhora _____ às oito e _____ ao meio-dia.
9) (fazer/dar)   Antigamente ele _____ brinquedos e _____-os às crianças do bairro.

10) (comprar/vender)   Antigamente a gente _____ e _____ casas e apartamentos.

3   다음 주어진 동사를 활용하여 보기처럼 문장을 완성하고 번역하시오.

> 보기: (dormir/chegar)   Ela <u>estava dormindo</u>, quando ele chegou.

1) (almoçar/tocar)   Eu _____, quando o telefone _____.
2) (ler/apagar)   Nós _____ um livro, quando a luz _____.
3) (chegar/começar) Nós _____ em casa, quando _____ a chover.
4) (ver/apagar)   As crianças _____ televisão, quando a luz _____.
5) (sair/acabar)   Quando seus pais _____, as crianças _____ de jantar.

4   다음을 보기와 같이 문장을 완성하시오.

> 보기: (cantar/ver)   Ela <u>cantava</u>, enquanto ele via televisão.

1) (escrever/falar)   Joana _____, enquanto João _____.
2) (dormir/trabalhar) A gente _____, enquanto vocês _____.
3) (ver/fazer)   Ela _____ televisão enquanto _____ tricô.
4) (falar/pensar)   Enquanto ela _____, ele _____ em seus problemas.
5) (viajar/apender)   Enquanto _____ pela Inglaterra, ele _____ inglês.

41 직설법 과거완료

복합과거완료: ter(haver)의 불완전과거 + 과거분사(cantar 동사의 경우)	
tinha(havia) cantado	tínhamos(havíamos) cantado
tinhas(havias) cantado	tínheis(havíeis) cantado
tinha(havia) cantado	tinham(haviam) cantado

단순대과거

comprar 사다	beber 마시다	partir 떠나다
comprara	bebera	partira
compraras	beberas	partiras
comprara	bebera	partira
compráramos	bbêramos	partíramos
compráreis	bbêreis	partíreis
compraram	beberam	partiram

ter	ser/ir	fazer	dizer	ver	vir
tivera	fora	fizera	dissera	vira	viera
tiveras	foras	fizeras	disseras	viras	vieras
tivera	fora	fizera	dissera	vira	viera
tivéramos	fôramos	fizéramos	disséramos	víramos	viéramos
tivéreis	fôreis	fizéreis	disséreis	víreis	viéreis
tiveram	foram	fizeram	disseram	viram	vieram

과거완료시제에는 복합형과 단순형이 있다.

O carro não estava onde ele o tinha deixado. – 복합형
O carro não estava onde ele o deixara. – 단순형
차는 그가 주차했던 곳에 없었다.

1 용법

복합과거완료는 포괄적인 용도를 지니며 영어의 과거완료와 동일하다. 단순형은 주로 문학작품에 쓰이며 복합형보다는 사용이 적고 특히 3인칭 복수형은 직설법 완전과거 복수 3인칭과 동일하기 때문에 사용을 피하는 것이 바람직하다고 할 수 있다.

1) **과거의 어느 시점보다 이전에 완료된 행위**를 나타낸다.

   Eu já *saíra* quando o senhor chegou.
   당신이 왔을 때 나는 이미 나갔었다.

   한편, 이러한 문장들은 일반적으로 복합형이 많이 쓰인다.

   Eu já *tinha* saído quando o senhor chegou.

2) 단순형은 **사실에 반대되는 조건이나 상태**를 나타내는 **조건문**에서 **접속법 불완전 과거를 대신**하여 쓰이기도 한다.

   Ele poderia fazer isto, se *quisera*(quisesse).
   만일 그가 원했다면 이것을 할 수 있었을 것이다.

3) 단순형이 때때로 **가정문에서 직설법 과거미래를 대신**하기도 한다.

   Se tivesse dinheiro, eu o *dera(daria)* ao senhor.
   만일 내가 돈이 있었으면 당신에게 주었을 것이다.

4) 단순형은 가끔 **부드럽고 온화한 표현**을 위해 쓰이기도 한다.

   Eu *quisera* comprar este livro.
   나는 이 책을 사고 싶었다.

5) 희망이나 소원을 뜻하는 **감탄문**에서 사용된다.

   Quem me *dera*!(= Quem me desse!)
   그랬으면 좋겠다!
   Tomara que não!
   그렇지 않기를!

6) 대과거시제의 복합형은 때로 과거의 어떤 사실에 반대되는 조건을 나타내는 문장에서 **조건문 완료형 시제를 대신**한다.

Se tivesse tido dinheiro, eu o *tinha(teria) dado* ao senhor.
만일 내가 돈이 있었더라면 당신에게 줄 수 있었을 것이다.
Quando me casei, fazia(havia) 2 anos que *tinha-me formado* em São Paulo.
내가 결혼했을 때는 상파울루에서 학업을 끝내고 난 2년 후였다.

falar와 dizer의 용법

afirmar(확인하다), declarar(선언하다), enunciar(주장하다)의 동의어로 dizer을 써야 한다.

O president disse (não falou) que o país está no rumo certo. / não diga (e não fale) nada a ele. / Que você disse (e não falou) a ele? / Eu não disse isso (e não falei). / Venha logo, disse o pai no filho. / O bêbado dizia palavras sem nexo. / Um sorriso diz muito. / Ele tinha dito (e não falado) que o incêndio fora porposital.

Falar(단순히 말하다)은 다음과 같은 문장에 더 적당하다

Falei a liguagem do povo. / Ele fala várias linguas. / Não fale nesses assuntos. / Ele fala muito, mas não diz nada. / Se você falar com ela, diga lhe que não demore.

위의 문장들 가운데 afirmar, declarar, enunciar의 뜻을 가진 문장이 없다는 것이 특징이다

Que와 쓸 때는 항상 dizer이지 falar는 쓰지 않는다.

Ele disse que (e não falou que) o incêndio havia sido criminoso. / Os pais do seqüestrador disseram que (em vez de falaram que) ninguém os afstaria dali.

1 다음 주어진 동사를 대과거 복합형으로 활용하여 빈칸을 채우고 번역하시오.

1) (ver)   Ele nunca tinha _____ mulher tão bonita.
2) (assistir) O público tinha _____ à peça em perfeito silêncio.
3) (vender)   Nós queríamos comprar aquela casa, mas ele já a tinha _____.
4) (decidir) As crianças queriam ir à praia, mas os pais tinham _____ ir às montanhas.
5) (dizer)   Ninguém acreditou, mas ele tinha _____ a verdade.
6) (jantar)   Ele já tinha _____ quando você chegou.
7) (começar) O filme ainda não tinha _____ quando chegamos ao cinema.
8) (fazer)   Ela nunca tinha _____ um discurso antes.
9) (pôr)   Elas nunca tinham _____ mesa para tantas pessoas antes.
10) (escrever) Eu nunca tinha _____ tanta bobagem antes.

2 다음 단순대과거를 복합대과거로 고치고 번역하시오.

1) Eu já jantara quando ele telefonou.
   _____

2) Ela já abrira a porta quando ele tocou a campainha.
   _____

3) Quando a notícia chegou, nós já partíramos.
   _____

4) Quando eu nasci, meu avô já morrera.
   _____

5) O ladrão ainda não fora embora, quando a polícia chegou.
   _____

6) Quando o elevador chegou, ela ainda não se despedira da amiga.
_____

7) Eu estava nervoso porque nada dera certo.
_____

8) Nós estávamos preocupados porque ele ainda não telefonara.
_____

9) Ele estava contente porque encontrara Mariana.
_____

10) Eles estavam com fome porque não comeram nada.
_____

O fado

O fado é frequentemente considerado a canção nacional. Há basicamente duas variantes: o fado de Lisboa e o fado de Coimbra.

Ninguém conhece ao certo a origem do fado. Sabe-se, sim, que o fado de Lisboa é do século XIX, teve provavelmente a sua origem no Brasil e que se desenvolveu nos ambientes marginais da capital — a palavra fadista chegaria mesmo a significar rufião. No entanto, a pouco e pouco, o fado viria a afidalgar-se, isto é, começaria a ser cantado e escutado em ambientes aristocráticos.

Actualmente as casas de fado são muito apreciadas tanto pelos portugueses como pelos turistas.

O fado de Coimbra, como o seu nome indica, nasceu na velha cidade universitária. Os estudantes, vestidos com capas negras e fatos negros, criaram um tipo de fado bem diferente do de Lisboa, não só no que se refere aos poemas, mas também à melodia.

Em qualquer dos casos, o fado é uma canção melancólica em que se fala de saudade e de amor não correspondido. É cantado à média-luz e é sempre acompanhado por uma guitarra e uma viola.

42 직설법 과거미래 · 과거미래완료

cantar 노래하다	beber 마시다	partir 떠나다
cantaria	beberia	partiria
cantarias	beberias	partirias
cantaria	beberia	partiria
cantaríamos	beberíamos	partiríamos
cantaríeis	beberíeis	partiríeis
cantariam	beberiam	partiriam

Ela me respondeu que *aceitaria* meu convite.
그녀는 나의 초청을 들어준다고 나에게 대답하였다.
Seria isso verdade?   그것은 사실일까?

1 과거미래의 형태

동사의 원형에 -ia, -ias, -ia, -íamos, -íeis, -iam을 붙여 만든다. 불규칙동사는 직설법미래의 경우처럼 -zer의 어미를 가지는 동사이며 변화는 다음과 같다.

dizer: diria, dirias, diria, diríamos, diríeis, diriam
fazer: faria, farias, faria, faríamos, faríeis, fariam
trazer: traria, trarias, traria, traríamos, traríeis, trariam

2 과거미래의 용법

1) **과거**의 어느 시점에서 본 **미래**를 표현한다.

Ela me disse que *escreveria* para você.
그녀는 내게 너한테 편지를 쓸 거라고 말했다.

> O Paulo me avisou que *voltaria* para a Coréia.
> 빠울루는 내게 한국으로 돌아갈 거라고 알렸다.

2) **과거 · 현재 · 미래의 사실에 대하여 추측**을 표시한다.

> *Seriam* mais ou menos cinco horas quando eu saí de casa.
> 내가 외출하였을 때는 대략 5시경이었을 것이다.
> *Aconteceria* tal coisa lá no Brasil?
> 그런 일이 그곳 브라질에서 일어날 수 있을까?

> **주의!** 현재의 사실에 대해서의 추측은 직설법미래에 의해서도 표현되지만 과거미래를 사용하는 것이 추측의 정도가 훨씬 강하다.

3) **완곡한 표현**에 사용된다.

> *Preferia* um apartamento com vista para o mar ou para o rio.
> 나는 바다나 혹은 강이 보이는 아파트가 더 좋다.
> Eu *quereria*(queria) comprar este livro.
> 나는 이 책을 사고 싶다.

4) 과거미래는 가정문에서도 사용된다. 즉, 현재(확정적인 미래의 일도 포함하여)와 과거의 사실에 반대되는 가정문의 주절에 사용된다.

> Se quisesse, *falaria* a verdade.
> 원한다면 진실을 말할 것이다.

3 과거미래완료: ter(haver)의 과거미래 + 과거분사

과거의 어느 시점에서 본 미래까지 **행위나 상태가 완료되었을 거라고 추측**하는 경우에 사용된다.

> Ontem ele me disse que *teria chegado* ao Brasil na próxima semana.
> 어제 그는 다음 주에 브라질에 도착할 것이라고 말했다.

그 외에 과거의 사실 또는 과거의 어떤 때까지 완료한 사항에 대하여 추정을 나타낸다. 의문문의 경우에는 말하는 사람이 묻는 형식으로 표현한 것이다.

Teria ele *recebido* a minha carta?
그는 내 편지를 받았을까?

▶ 과거미래완료는 가정문에서도 사용된다. 즉 과거의 사실에 반대되는 가정문의 귀결절에 사용된다.

4 과거미래와 목적격 대명사의 위치

브라질에서는 일반적으로 목적격의 대명사는 과거미래의 동사 앞에 놓이지만 뒤에 올 경우 직설법 미래시제와 같이 어간과 어미 사이에 온다.

Os Santos Populares, festejados um pouco por todo o país, fazem parte de uma tradição secular que o povo português tem sabido preservar.

Em Lisboa, terra de Santo António, é na noite de 12 para 13 de Junho que começa o fogo de artifício. Nos bairros mais castiços, com os largos e becos enfeitados, serve-se a sardinha assada acompanhada com vinho tinto por entre o cheiro dos cravos e manjericos.

No Porto as festas maiores da cidade são na noite de 23 para 24 de Junho em que S. João é a figura dominante. Os portuenses vão para a rua armados de alhos-porros com que se agridem mutuamente, enquanto se dirigem para os arraiais. Por toda a parte há fogueiras e as pessoas cantam e dançam toda a noite. Come-se o tradicional cabrito assado, regado com vinho verde.

Na cidade de Évora, em pleno Alentejo, festeja-se o S.Pedro de 28 para 29 de Junho. A coincidir com estes festejos realiza-se uma feira — hoje feira-exposição e feira-festa —, na qual o artesanato e o folclore alentejano têm um papel muito importante.

연습문제

1 다음 문장을 번역하시오.

1) Ele nunca faria declarações falsas.
2) Todo mundo saberia quem foi o autor do crime.
3) Pensa que o juiz o perdoaria?
4) Eu me admiraria muito do contrário.
5) Desejaria falar ao gerente.
6) Teria imenso prazer em ser-lhe útil de algum modo.
7) Teria ele recebido a minha carta?
8) Não me importaria de repetir todas as explicações.
9) Ele estaria na sala de aula agora?
10) A Maria disse que o compraria amanhã.
11) Ele disse anteontem que não viria ontem.
12) Seria possível a você vir amanhã à mesma hora?
13) Desejaria receber com freqüência notícias suas.
14) Seria isso possível!

---

furto(훔치다) 와 roubo(빼앗다) 의 차이

furto, furtar 는 남의 것을 훔치는 것.
furto de carros, livros furtados da estante.

roubo, roubar 는 폭력과 위협으로 빼앗는 것.
Os assaltantes roubaram o carro e feriram o motorista.
O roubo do bando ocorreu na hora de maior movimento.

43 축소사와 증대사

> 축소사 : 명사, 형용사, 부사 등의 어미에 붙여서 그 단어에 애정, 친절함, 강조, 경멸 등의 의미를 첨가하는 접미사이다. 그 대표적인 것들을 예로 들면
> -inho(a), -zinho(a), -ito(a), -ote(a) 가 있다.
>
> 증대사 : 명사, 형용사 등의 어미에 붙여서 그 단어에 크기, 훌륭함, 강조, 경멸 등의 의미를 첨가하는 접미사이다. 그 대표적인 것들을 예로 들면
> -ão, -(z)arrão, -aco(ã), -rão 가 있다.

1 축소사의 용법

1) **작은 것**을 나타내는 접미사

   Comprei uma *casinha* na praia.
   나는 해변에 작은 집 한 채를 샀다.

2) **애정**을 나타내는 접미사

   Venha cá, *filhinha*! 이리오너라, 귀여운 딸아!

3) **강조**를 나타내는 접미사

   Ele mora *pertinho* daqui. 그는 여기서 아주 가까운 곳에 산다.

4) **경멸**을 나타내는 접미사

   Que *filminho* monótono! 무슨 저런 재미없는 영화가 다 있어!

5) **구어체**에서 특별한 의미를 주지 않고 선호되는 형태의 접미사

   Ele ficou um bom *tempinho* lá.
   그는 그곳에 한참 있었다.

▶ 가장 일반적으로 많이 쓰이는 접미사: -inho, -inha

escola - *escolinha*   학교
menino - *menininho*   남자아이
casa - *casinha*   작은 집
rapaz - *rapazinho*   청년

○ -zinho(a)는 다음과 같은 경우에 쓰인다.

ⓐ **악센트가 있는 음절로 끝나는 단어**에 붙는다.
café - cafe*zinho*   커피
mulher - mulher*zinha*   여자
papel - papel*zinho*   종이

ⓑ **이중모음으로 끝나는 단어**에 붙는다.
pai - pai*zinho*   아버지
boa - boa*zinha*   좋은

ⓒ **비음으로 끝나는 단어**에 붙는다.
bom - bon*zinho*   좋은
mãe - mãe*zinha*   어머니
irmão - irmão*zinho*   남동생

▶ 축소사를 포함한 단어들

caixa - caixote 상자   cedo - cedinho 일찍
homem - homenzinho 남자   livro - livrinho 작은 책
senhora 부인 - senhorita 아가씨
só - sozinho 혼자

▶ 다른 축소사들

-acho: rio 개천   - riacho 작은 시내
-ebre: casa 집   - casebre 황폐한 집
-eco: livro 책   - livreco 쓸데없는 책
-ete: sabão 세탁비누 - sabonete 화장비누
-im: espada 검   - espadim 작은 검
-ino: pequeno 작은   - pequenino 아주 작은
-ola: rapaz 청년   - rapazola 소년

주의! -zinho, -zito가 붙은 말을 복수형으로 만들 때 다음과 같이 변한다.
flor - flores 꽃: florzinha - florezinhas
coração - corações 심장: coraçãozinho - coraçõezinhos

2 증대사를 동반한 단어들

caixa - caixão 상자   homem - homenzarrão 남자
mulher - mulherão 여자   rico - ricaço 부자

▷ 기타 증대사들

-alho(a): muro 벽   - muralha 성벽
-arra: boca 입   - bocarra 큰 입
-asco: penha 암석   - penhasco 큰 암석
- eiro(a): fogo 불   - fogueira 횃불
          cruz 십자가   - cruzeiro 큰 십자가

Uma vizinha encontrou-se com Carlinhos, que ia para o colégio, e disse:
— Que interessantes as meias que você está usando... uma azul e uma amarela.
— É sim — respondeu Carlinhos com vivacidade. — E o mais engraçado é que eu tenho outro par igualzinho a este em casa!

연습문제

1) 다음을 번역하시오

1) Você já leu o jornalzinho da escola?
2) Ela deixa tudo limpinho.
3) Ela está tão bonitinha hoje!
4) Não gosto desta mulherzinha.
5) O solzinho está gostoso hoje.
6) Quero só um pouquinho de chá.
7) Aceita um cafezinho?
8) Ele tem uma vidinha calma.
9) Nossa! Que livrinho ruim!
10) Joãozinho, agora você vai ficar sentadinho aí.
11) Ela faz uma comidinha gostosa.
12) O ladrão entrou na casa devagarinho.

Tal pai... tal filho

O pai diz ao filho que acaba de chegar da escola:

– Juquinha, estou chateado com você! A diretora andou reclamando.

– Reclamando de quê? Só tiro boas notas, ora!

– Nota não é tudo, Juquinha. Ela me disse que você só abre a boca para falar mentira. E você deve saber, meu filho, que não se deve mentir nem por brincadeira. A mentira é degradante e inútil, tem pernas curtas.

– Papai, estão tocando a campainha. Vou ver quem é?

– Vá, e se for alguém me procurando, diga que não estou...

44 접속법 현재의 용법(1)

> Quero que você *jante* comigo.
> 네가 나와 함께 저녁을 먹었으면 한다.
> Temo que ela se *resfrie*.
> 나는 그녀가 감기 걸릴까 걱정이다.
> Duvido que ela *possa* fazer o trabalho.
> 나는 그녀가 그 일을 할 수 있을 지 의문이다.
> É conveniente(Convém) que você *traga* seu livro amanhã.
> 네가 내일 책을 가져오는게 낫다.

1 용법

직설법 현재가 어떤 동작이나 상태를 객관적으로 표현하는 반면 접속법은 주절의 동사가 소망, 기대, 요구, 기쁨, 놀라움, 의심 등을 나타내는 문장의 종속절에 쓰인다.

    Ele vai comprar esta mala.
    그는 이 가방을 살 것이다(직설법현재).
    Quero que ele compre esta mala.
    나는 그가 이 가방을 사기 바란다(접속법현재).

1) 소망, 기대, 요구, 명령, 금지, 허가 등의 의지를 나타내는 동사가 주절에 나타날 때

    O meu pai espera que eu *fique* contente em meu novo emprego.
    아버지는 내가 나의 새로운 직장에 만족하기를 바란다.
    Desejo que você *seja* feliz.   나는 네가 행복하기 바란다.
    Desejo que você *ouça* esta música e me *diga* o que acha.
    나는 네가 이 음악을 듣고 어떻게 생각하는지 말해주길 바란다.
    O professor exige que os alunos *digam* a verdade.
    선생님은 학생들이 진실을 말할 것을 요구하고 있다.

Mando que ele *feche* os olhos.
나는 그가 눈을 감으라고 명령한다.
Proibo que as moças *fumem*.
나는 여학생들이 담배 피우는 것을 금한다.
As mães não consentem que seus filhos *voltem* para casa tão tarde.
어머니들은 아들들이 그렇게 늦게 집으로 돌아가는 것에 동의하지 않는다.

2) **유감, 불안, 걱정 등의 감정**을 나타내는 동사

Tenho medo que *chova*.
비가 올까 걱정이다.
Sinto que você não *goste* de samba.
나는 네가 삼바를 좋아하지 않는 게 서운하다.
Daniel lamenta que seu filho não *queira* estudar.
다니엘은 아들이 공부하기를 싫어하는 것을 한탄한다.
Receio que ela não *esteja* em casa.
나는 그녀가 집에 없을까봐 걱정이다.

3) **의문, 불확실, 부정** 등을 나타내는 동사

Duvido que você *estude* muito.
나는 네가 공부 많이 한다는 것이 의심스럽다.
Tenho dúvida que ela *chegue* a tempo.
나는 그녀가 제 시간에 올지 의심스럽다.
Não creio que a alma *seja* imortal.
나는 영혼이 불멸이라고 믿지 않는다.
O Paulo nega que ela o *faça*.
빠울루는 그녀가 그것을 할 거라는 것을 부정한다.

4) 다음과 같은 **비인칭적 표현**(동사의 시제는 직설법의 현재 또는 미래)의 주어가 명사절의 경우 그 명사절의 동사는 접속법현재로 된다.

É bom que você *estude* mais.
네가 공부를 더 하는 것이 좋은 일이다.
É errado que você *pense* desta maneira.
네가 이렇게 생각하는 것은 잘못이다.

É possível(Pode ser) que *chova* hoje.
오늘 비가 올 지도 모른다.
É provável que ele *parta* para o Rio.
그가 리우로 출발할 가능성이 크다.
É necessário(é preciso) que os moços se *comportem* bem.
청년들이 올바로 행동하는 것이 필요하다.
É uma pena que ela não *possa* ir à festa.
그녀가 파티에 가지 못하는 것은 섭섭한 일이다.

> **주의!** 명사절의 내용이 확실한 일일 경우 명사절의 동사는 직설법이 된다.
> É certo que ela *chega* hoje do Rio.
> 그녀가 오늘 리우에서 도착하는 것은 확실하다.

5) 관계대명사에 의해 인도되는 형용사절 또는 명사절에서 접속법 현재를 쓰기도 한다. 이때 주절의 동사는 직설법 현재 또는 미래이다.

▷ 형용사절이 목적, 결과 등 '…하여 지도록'의 의미를 나타낸다. 다만 주절의 동사가 직설법미래이고 선행사가 한정된 수의 개념을 가지고 있는 사람이나 물건인 경우는 종속절의 시제는 접속법미래가 된다.

Preciso de uma pessoa que *traduza* uns documentos para mim.
나를 위해 서류를 번역해 줄 사람이 필요하다.
Quero comer alguma coisa que me *mate* a fome.
나는 허기를 채울 뭔가를 먹고싶다

▷ 불확실한 내용을 가지는 선행사가 있을 때 쓰인다. 대개 의문문 또는 부정문에서 쓰인다.

Aqui não há ninguém que eu *conheça*.
여기에는 내가 아는 사람이 아무도 없다.
Conhece o senhor alguém que *tenha* um coração bom?
당신은 마음씨가 아주 좋은 사람을 알고 계십니까?
Não encontro quem(ninguém que) *conserte* meu rádio.
나는 내 라디오를 고쳐줄 사람을 찾지 못하고 있다.

 연습문제

1 다음 주어진 동사를 활용하여 빈칸에 써넣고 번역하시오.

1) (andar)   Quero que ele _____ mais depressa.
2) (vender) Desejamos que vocês _____ todo o estoque.
3) (partir) Prefiro que eles _____ sem dizer até-logo.
4) (fazer)   Peço que vocês não _____ barulho.
5) (trazer) Duvido que estas cartas _____ boas notícias.
6) (mudar)   Não acho que eles _____ de idéia.
7) (gostar) Sinto que voê não _____ de meus amigos.
8) (poder)   Lamento que ele não _____ esperar.
9) (ter)   Que pena que nós não _____ tempo.
10) (acordar) Tenho medo que ele _____ tarde.

2 다음 보기를 따라 문장을 만들고 번역하시오.

> 보기: pagar a conta - Ele quer que eu pague a conta.
> 그는 내가 계산서를 지불하기 바란다.

1) ficar em casa - Ele quer que ela _____.
2) começar o trabalho - Ele quer que nós _____.
3) pegar o ônibus - Ele duvida que _____.
4) verificar o óleo - Ele exige que _____.
5) chegar às duas - Ele prefere que _____.
6) ficar contente - Ele espera que _____.
7) dirigir devagar - Ele pede que _____.
8) alugar a casa - Ele receia que _____.
9) esquecer o que aconteceu - Ele duvida que _____.
10) falar mais alto - Eu quero que _____.

3 다음을 읽고 번역하시오.

Na sala de aula

Professor: Hoje eu quero que vocês escrevam uma pequena redação sobre o Brasil. Quero que me descrevam a imagem que vocês têm do país. Coloquem tudo o que vocês acham que vão encontrar lá. Vocês entenderam? Podem começar.

Aluno 1: É a primeira vez que vou ao Brasil, mas me disseram que é um país tropical e que o povo é muito alegre, é pena que eu não tenha estudado português para poder falar com eles. Tomara que eu possa comunicar-me através de gestos e de desenhos. Mas receio que não consiga fazer amigos, principalmente porque vou ficar apenas dois meses. Vou ficar na capital, Rio de Janeiro, famosa pelo Carnaval e pelas mulatas bonitas. Vou poder ver o Carnaval porque vou em abril para lá. Espero que alguma mulata bonita me ensine a sambar.

Aluno 2: A firma onde eu trabalho exige que eu fique um ano no Brasil, mas não gostaria de ficar tanto tempo separado de minha família.
Receio que eu não saiba muita coisa sobre o Brasil. Sei que os brasileiros gostam muito de futebol, café e rumba. Talvez eu goste de morar lá, porque adoro futebol e dança. Mas quase nunca tomo café. Quem sabe eu me acostume com a bebida. Talvez seja mais saudável do que cerveja, que eu tomo sempre. Será que eles não tomam cerveja?
Ouvi dizer que é proibido fumar dentro de casa. Tomara que seja verdade para que eu possa deixar de fumar.

45 접속법 현재의 용법(2)

> Estou surpreendido (de) que você *more* em Seul.
> 나는 네가 서울에 산다니 놀랐다.
> Caso não *venha*, telefone-me.
> 만일 못 올 경우 전화해라.
> Embora *chova*, irei passear.
> 비가 온다고 하더라도 나는 산책을 할 것이다.
> Acenda a luz para que todos *estudem* melhor.
> 모두가 공부를 더 잘 할 수 있도록 불을 켜라.
> Talvez ele *perca* o trem.
> 아마 그는 기차를 놓칠 것이다.

1 주절의 동사가 직설법 현재 또는 미래시제인 경우와 명령문에서 다음과 같은 부사절에는 **접속법현재**를 사용한다.

1) **주절의 동사**가 원인·이유 등의 **감정**을 표현할 때

　　Estou com medo (de) que você não *goste* do presente.
　　나는 네가 선물을 맘에 들어하지 않을까 걱정이다.
　　O professor está contente (de) que seus alunos *falem* bem português.
　　그 선생님은 제자들이 포어를 잘 하는 데 만족하고 있다.

　　주의! 부사절의 동사가 접속법일 경우 전치사 de는 생략이 가능하다.

2) **조건**을 나타내는 **종속절**에서

　　Estou disposto a ajudá-lo, contanto que você *cumpra* sua missão.
　　나는 네가 네 사명만 다한다면 너를 도와줄 마음이 있다.
　　Irei ao Rio, contanto que você me *empreste* dinheiro.
　　네가 내게 돈을 빌려준다면 리우에 갈 것이다.

A não ser que o moço *ponha* o sobretudo sentirá frio.
그 청년은 외투를 입지 않으면 추위를 느낄 것이다.

3) **양보절**에서

Estou engordando por pouco que *coma*.
아무리 적게 먹어도 살이 찐다.
Ainda que *estude* muito, não ganha boas notas.
아무리 열심히 공부해도 좋은 점수를 얻지 못한다.
Por muito que *seja*, não será conveniente.
아무리 많아도 편리하지 않을 것이다.
Mesmo que você *ande* depressa, não pegará o trem.
아무리 빨리 걸어도 너는 기차를 타지 못할 것이다.
Por mais que eu *pense*, não posso me lembar do nome.
아무리 생각을 해봐도 그 이름을 기억할 수가 없다.
Quer *chova*, quer não, iremos à praia.
비가 오거나 말거나 우리들은 해변으로 갈 것이다.
Quem quer que *seja*, não quero vê-lo.
누구든지 간에 나는 만나고싶지 않다.

 이런 종류의 예문에서 주절의 동사는 직설법현재로 쓰인다.

Aconteça o que acontecer, tenho que casar com ela.
어떠한 일이 발생하더라도 나는 그녀와 결혼해야 한다.

 이 예문의 acontecer는 접속법미래 3인칭 단수형이다.

4) **목적·방법**을 나타내는 종속절에서

A fim de que você *ganhe* dinheiro, deve trabalhar muito.
네가 돈을 벌기 위해서는 열심히 일해야한다.
Escreva de maneira que eu *entenda*.
내가 이해할 수 있도록 써주시오.
Vou sair do quarto sem que ele me *veja*.
나는 그가 보지 못하게 몰래 침실에서 빠져나갈 것이다.
Sairei, antes que *seja* tarde.
늦기 전에 나갈 것이다.

Não voltarei aqui, até que me *peça* desculpas.
네가 나에게 잘못하였다고 하기 전에는 여기로 다시 돌아오지 않을 것이다.
Espere aqui até que ela *telefone*.
그녀가 전화할 때까지 여기 기다려라.

5) 접속법형태의 동사가 종속절이나 명령문 외에도 다음과 같이 독립문장에도 쓰인다. 특히 talvez(아마, 혹시)가 문장의 머리에 오는 문장과 tomara 또는 oxalá로 시작되는 기원문에서 쓰인다.

Tomara que isso *seja* verdade!
그것이 진실이기를!
Talvez você *tenha* sorte.
아마 너는 행운이 있을 거야.
Talvez eles *possam* ler este recado.
아마 그들이 이 전갈을 읽을 수도 있다.
Oxalá não *haja* aula!
제발 수업이 없었으면!
Tomara que *dêem* me gorjeta!
당신들이 내게 팁 좀 준다면 좋을 텐데.

연습문제

1 다음을 번역하시오.

1) É impossível que eu esteja errada.
2) É melhor que ela saiba a verdade.
3) É provável que você não saiba meu nome.
4) É necessário que eu vá agora.
5) Convém que ela esteja aqui às 10.
6) Basta que ela queira trabalhar.
7) É possível que ele esteja com frio.
8) É melhor que você dê uma olhada.
9) Convém que eu lhe dê outra chance.
10) É possível que haja algum engano.

2 다음 주어진 동사를 문장에 맞게 활용하여 써넣고 번역하시오.

1) (ouvir)　　Falo alto para que todo mundo me _____.
2) (compreender)　Repito a explicação a fim de que os alunos me _____.
3) (ver)　　Faço gestos para que todo mundo me _____.
4) (ajudar)　Vou terminar o trabalho mesmo que ninguém me _____.
5) (vestir)　Mesmo que eu me _____ depressa, chegaremos tarde.
6) (preferir)　Embora eu _____ a blusa amarela, vou levar a azul.
7) (ficar)　Vou abrir o guarda-chuva antes que _____ todo molhado.
8) (querer)　Vou servir-lhes chá, a não ser que vocês _____ café.
9) (haver)　Vamos esperar até que _____ alguém para nos atender.
10) (dar)　Não vou comprar esta máquina, mesmo que a fábrica me _____ uma garantia de 5 anos.
11) (deixar)　Convém que o senhor nos _____ seu nome e endereço.
12) (dar)　Basta que vocês me _____ seus nomes e endereços.

46 접속법 불완전과거

morar 살다	beber 마시다	partir 떠나다
morasse	bebesse	partisse
morasses	bebesses	partisses
morasse	bebesse	partisse
morássemos	bebêssemos	partíssemos
morásseis	bebêsseis	partísseis
morassem	bebessem	partissem

ser	estar	ter	haver
fosse	estivesse	tivesse	houvesse
fosses	estivesses	tivesses	houvesses
fosse	estivesse	tivesse	houvesse
fôssemos	estivéssemos	tivéssemos	houvéssemos
fôsseis	estivésseis	tivésseis	houvésseis
fossem	estivessem	tivessem	houvessem

Ele queria que eu o *ajudasse*.
그는 내가 그를 도와주기 바랬다.

Esperávamos que vocês *viessem* à festa.
우리들은 너희들이 축제에 오기를 바랬다.

Foi melhor que ele *desistisse*.
그가 포기하는 편이 더 좋았다.

Duvidei que você *fizesse* o trabalho.
나는 네가 그 일을 했다는 사실을 의심했다.

Ele trabalhou para que *pudesse* comprar uma casa.
그는 집을 사기 위해 일을 했다.

1 동사의 형태

직설법 완전과거 3인칭 복수형에서 어미 -ram을 빼고 -sse, -sses, -ssemos, -sseis, -ssem을 첨가한다. 1인칭과 2인칭 복수형에는 악센트가 붙는다. -ar 동사와 -ir 동사와 달리 -er 동사에는 -êssemos, -êsseis가 붙는데 불규칙 동사인 경우 -éssemos, -ésseis가 붙는다.

2 접속법의 불완전과거

접속법의 불완전과거도 대부분 종속절에 사용된다. 그리고 주절의 동사가 직설법 현재가 아닌 과거시제이다. 즉 접속법 현재가 사용되는 똑같은 용법에서 주절의 동사가 과거시제 중 어느 하나이면 종속절은 접속법 불완전과거로 변한다.

주절: 직설법 현재 ⇒ 종속절: 접속법 현재
주절: 직설법의 과거시제 중 하나 ⇒ 종속절: 접속법 불완전과거

> Quero que ela *compre* esta mesa.
> 나는 그녀가 이 책상을 사길 바란다.
> ⇒ Queria que ela *comprasse* esta mesa.
> 나는 그녀가 이 책상을 사길 바랬다.

Não queria que você *fosse*.   나는 네가 가는 걸 원하지 않았다.
Esperei que ela me *compreendesse*. 나는 그녀가 날 이해해주길 바랬다.
Desejava que você me *fizesse* um favor.
나는 네가 내 부탁을 들어주있으면 좋겠다.

주의! 주절의 동사가 반과거 시제일 경우 상황에 따라 현재로(완곡한 표현의) 해석할 수 있다.

Mandei que ela se *fosse* embora.
나는 그녀에게 떠나라고 명령했다.
Duvidei que eles *pudessem* fazer o trabalho.
나는 그들이 그 일을 할 수 있을 지 의심했다.
Pensei que ela não *viesse* mais.
나는 그녀가 더 이상 오지 않을 거라고 생각했다.

주의! pensar「생각하다」, achar「생각하다」, supor「상상하다」등의 경우 실현하지 못했던 것이나 예상과 반대되는 일들이 명사절로 따라올 때 동사는 접속법을 쓴다.

Ela negou que alguém *estivesse* em casa.
그녀는 누군가가 집에 있었다는 것을 부인하였다.
Eu estava com medo (de) que ela não *chegasse* a tempo para a aula.
나는 그녀가 수업에 맞추어 제 시간에 오지 못할까 걱정하였다.
(chegar a tempo para... 「…에 제 시간에 도착하다」)
Falei devagar para que vocês me *compreendessem* bem.
너희들이 내 말을 잘 이해할 수 있도록 하기 위해 천천히 말하였다.
Antes que o pai *chegasse*, eu estava em casa.
아버지가 도착하시기 전에 나는 집에 있었다.

> **주의!** antes que를 제외한 até que, logo que, depois que 등의 '때'를 나타내는 부사절에서 주절의 동사가 직설법 과거일 때 직설법이 쓰인다.
> Saí logo depois que você saiu.
> 나는 네가 나간 다음 곧 나왔다.

3 주절의 동사가 직설법 과거미래 또는 그것을 대용하는 직설법 불완전과거일 때 **현재 또는 과거의 사실에 반대되는 가정**을 표현한다. 주어진 상황 속에서 단순히 **공손한 표현**으로 사용되는 경우도 있다.

Se você estivesse em casa ontem, eu iria(ia) vê-lo.
만일 네가 어제 집에 있었다면 나는 너를 만나러 갔을 것이다.

> **주의!** 주절이 없을 때는 사실에 반대되는 **희망사항**을 나타낸다.
> Se eu *soubesse* falar português.　내가 포어를 말할 줄 알았더라면.

Ainda que *andasse* depressa, eu não pegaria o metrô.
아무리 급히 걸어도 나는 전철을 타지 못했을 것이다.
Se *tivesse* coração, não faria isso.
양심이 있다면 그런 일을 하지 못했을 것이다.
Seria melhor que ele *fizesse* a barba.
그가 수염을 깎으면 더 나을 것이다.

> **주의!** 현재 사실의 반대되는 비유구문 como se fosse는 '마치 …처럼'의 뜻이며 이 표현에서도 접속법 불완전과거가 쓰인다.
>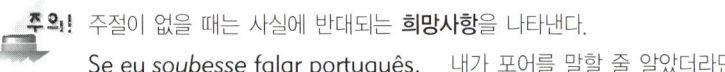
> O estrangeiro fala coreano como se fosse coreano.
> 그 외국인은 마치 한국인처럼 한국어를 말한다.

4 주절의 동사가 직설법 현재라고 해도 **과거의 불확실한 사실**을 기술한 종속절의 동사는 접속법 불완전과거가 된다.

> Sinto que ela *estivesse* doente.
> 그녀가 아팠다는 것이 마음 아프다.
> Não acredito que ela não *estivesse* em casa quando lhe telefonei ontem.
> 내가 어제 전화했을 때 그녀가 집에 없었다는 사실을 믿지 않는다.

DANÇAS BRASILEIRAS

Uma das maiores atrações de Pernambuco, na época do Carnaval, são as bandas e fanfarras que acompanham os foliões dançando o frevo. No início, o frevo era só música, mas depois surgiram os passos e, a partir daí, o frevo passou a ser o traço mais característico do Carnaval pernambucano.

Por causa da concorrência com os sambas cariocas, o frevo ganhou letra. Hoje, existem dois tipos de frevo: o frevo de bloco e o frevo-canção. Também no Nordeste, e principalmente em Pernambuco, uma outra dança muito comum é a Ciranda. Trata-se de dança de roda de adultos, sempre acompanhada de instrumentos, como o bumbo e o reco-reco. Aí a figura mais importante é o Mestre Cirandeiro que, do meio da roda, comanda a ciranda. Ele "tira" o canto, improvisa versos e ensina aqueles que não são conhecidos.

No outro extremo do Brasil, no Rio Grande do Sul, seus habitantes – os gaúchos – têm como danças mais comuns a "chimarrita", o "pezinho" e a "cana-verde". Elas têm origem nas antigas danças portuguesas e são alegres e movimentadas.

연습문제

1 다음 동사를 변형시켜 문장을 완성하고 번역하시오.

1) (fumar)   Ele nos pediu que não _____.
2) (andar)   Ela mandou que eu _____ mais depressa.
3) (sair)   Ela não deixou que eles _____.
4) (estudar) Eu proibi que as crianças _____ na sala.
5) (voltar) Tive medo que você não _____.
6) (abrir)   Duvidei que você _____ o cofre.
7) (dar)   Eu queria que você _____ uma olhada.
8) (chegar) Nós fizemos questão que eles _____ na hora.
9) (ficar)   Ela preferia que todos _____ quietos.
10) (pôr)   Ela não quis que nós _____ a mesa.

2 다음 보기에 따라 과거시제로 바꾸고 번역하시오.

> 보기: Ela quer que eu fique. ⇒ Ela quis que eu ficasse.
>   그녀는 내가 머물기를 바란다.   그녀는 내가 머물기를 바랬다.

1) Duvido que você venha. _____
2) Faço questão que vocês me escutem. _____
3) Exigimos que ela nos ouça. _____
4) Peço-lhes que paguem a conta. _____
5) Ele deseja que ela seja feliz. _____
6) Sinto que ele não seja feliz. _____
7) É melhor que você venha. _____
8) Temos medo que ele não compreenda. _____
9) Ele lamenta que estejamos com pressa. _____
10) Peço-lhe que não faça essa viagem. _____

3 다음을 읽고 번역하시오.

> Ontem sonhei que estava sozinha numa ilha deserta e, assim como nos filmes, encontrei uma lâmpada, esfreguei-a e... eis que me aparece um gênio! Sonhos são sonhos!!! É claro que o meu gênio, como todos os outros, me pediu para que eu fizesse três pedidos mas, já que não estava num filme, o despertador tocou!!!
>
> Fiquei muito tempo deitada imaginando o que pediria a um gênio caso encontrasse um.
>
> Meu primeiro desejo seria ter tempo e dinheiro para viajar, viajar muito. Se eu tivesse tempo e dinheiro para viajar muito, daria a volta ao mundo. Sim, viajaria de trem, de ônibus, de avião, de navio(ah!! faria muitos cruzeiros), a cavalo, de bicicleta... conheceria o mundo!
>
> Para que pudesse me comunicar bem nas viagens, precisaria falar muitos idiomas. Esse seria então meu segundo desejo... falar vários idiomas fluentemente.
>
> Pensei e pensei... não tem graça viajar sozinha! Assim, meu terceiro desejo seria poder viajar com mais gente. Se pudesse escolher, viajaria com meu noivo! Não seria romântico? Agora só falta achar um noivo...

Quem amou nunca esquece; quem esquece nunca amou. (Antônio Feijó)

47 접속법 현재완료와 과거완료

1 접속법 현재완료

ter의 접속법 현재 + 과거분사(falar 말하다)	
tenha falado	tenhamos falado
tenhas falado	tenhais falado
tenha falado	tenham falado

Sinto que o professor *tenha estado* doente.
나는 선생님이 편찮으셨다니 마음이 아프다.
É bem possível que elas *tenham chegado* ontem.
그 여자들이 어제 도착하였다는 것은 정말 가능성이 크다.
Embora você *tenha estudado*, não sabe se passará no vestibular.
네가 공부는 하였지만 입학시험에 합격할 지는 모르는 것이 다.

1) **용법**: 접속법 현재완료는 접속법 현재와 같은 상황에서 사용되지만 항상 **주절의 동사가 직설법의 현재 또는 미래**인 문장의 종속절에서 **과거를 표현**하기 위해 사용된다.

Espero que elas *tenham visitado* o palácio Ducksoo.
나는 그녀들이 덕수궁을 방문했기를 기대합니다.
Você duvida que ele *tenha feito* o trabalho.
너는 그가 그 일을 한 사실을 의심한다.
Estou contente (de) que o Pedro *tenha voltado* aqui.
나는 뻬드루가 여기에 돌아와 준 것에 만족하다.
Não sei onde está meu livro; é provável que o *tenha perdido*.
나는 내 책이 어디에 있는지 모른다. 아마 잃어버린 것 같다.
Por estas horas, ela talvez já *tenha compreendido* a situação.
이 시간쯤이면 그녀는 아마 이미 상황을 이해했을 것이다.

Lastimo que ela *tenha se ferido*.
그녀가 다쳤다니 마음이 아프다.
Tenho medo que ele *tenha ido* à praia.
그가 해변에 갔다니 두렵다.
Espero que você *tenha feito* o trabalho quando eu voltar.
내가 돌아올 때 네가 그 일을 끝내놓았기를 기대한다.

> **주의!** 마지막 예의 voltar는 접속법 미래이고 tenha feito는 의미에 있어 미래완료로 이해되는 것이다.

2 접속법 과거완료

ter의 접속법 불완전과거 + 과거분사(falar 말하다)	
tivesse falado	tivéssemos falado
tivesses falado	tivésseis falado
tivesse falado	tivessem falado

Eu esperava que ele *tivesse chegado*.
나는 그가 도착했기를 기대했었다.
Embora ela *tivesse gostado* da roupa, não a comprou.
그녀는 옷을 맘에 들어했지만 그것을 사지는 않았다.
Se *tivesse tido* dinheiro, eu o teria dado ao pai.
만일 내가 돈을 가지고 있었다면 나는 아버지에게 드렸을 것이다.

1) **용법**: 접속법 과거완료는 **주절의 동사가 직설법 과거 중 어느 한 시제**일 때 종속절에서 **이미 완료된 동작이나 상태**를 나타내는데 사용된다.

   주절: 직설법의 현재나 미래 ⇒ 종속절: 접속법 현재, 불완전과거, 현재완료
   주절: 직설법 과거 중 어느 한 시제 ⇒ 종속절: 접속법 과거완료

   Sinto que você não *tenha feito* o trabalho.
   네가 그 일을 끝마치지 않아서 유감이다.
   ⇒ Senti que você não *tivesse feito* o trabalho.
   네가 그 일을 끝마치지 않았던 것은 유감스러웠다.

Eu pensava que ele *tivesse feito*.
나는 그가 그것을 했을 거라고 생각했다.
Eu supunha que os alunos *tivessem chegado*.
나는 학생들이 도착했다고 상상했었다.
Era possível que ela *tivesse gastado* o dinheiro.
그녀가 이미 그 돈을 써버렸을 가능성이 있었다.
Por mais que eu *tivesse tentado*, não aprendi a tocar piano.
내가 아무리 노력해보았어도 피아노 연주하는 것을 배우지 못했다.

2) 주절의 동사가 특히 직설법의 과거미래완료 · 과거미래 · 과거완료(과거미래완료의 대용) · 불완전과거(과거미래의 대용)일 경우 **과거의 사실에 반대되는 가정**이 된다.

Eu teria trazido o livro se *tivesse me lembrado*.
내가 만약 기억을 했었다면 그 책을 가져왔을 것이다.
Seria melhor que ele não *tivesse ganhado* a eleição.
그가 선거에 이기지 못했더라면 더 나았을 것이다.

주의! 과거의 사실에 반대되는 비유는 다음과 같이 표현한다.
Ela falou como se *tivesse visto* o filme.
그녀는 그 영화를 본 것처럼 말했다.

연습문제

1) 주어진 동사를 접속법 현재완료 형태로 전환시켜 빈칸에 써넣고 번역하시오.

1) (chegar) Quero que os alunos _____.
2) (fazer) É possível que ele _____ este vestido sozinho.
3) (ver) Este aluno não me é estranho; talvez _____ antes.
4) (passar) Não creio que o Pedro _____ no exame vestibular.
5) (revisar) Embora vocês _____ as fichas dos livros, ainda há muito por fazer.
6) (estudar) Ela teme que você não _____ para o exame o mês passado.
7) (falar) Lamento que ele _____ tão mal no mês passado.
8) (ir) Tenho medo que ele _____ ao cinema.
9) (estar) Eu duvido que você _____ no Brasil.
10) (comer) Ainda que eu _____ bastante, já estou com muita fome.

O paciente realmente está mal, muito nervoso e magro. Queixa-se de insônia. O médico examina-o e aconselha:

— Vamos parar de fumar. No máximo um cigarro após cada refeição.

Quinze dias depois o paciente está bem melhor, e bem mais gordo.

— Vejam só, que beleza – diz o médico. – E como o senhor engordou!

— Pudera! – diz o paciente. – Com dez refeições por dia...

48 접속법 미래

falar 말하다	beber 마시다	partir 떠나다
falar	beber	partir
falares	beberes	partires
falar	beber	partir
falarmos	bebermos	partirmos
falardes	beberdes	partirdes
falarem	beberem	partirem

ser	estar	haver	ter
for	estiver	houver	tiver
fores	estiveres	houveres	tiveres
for	estiver	houver	tiver
formos	estivermos	houvermos	tivermos
fordes	estiverdes	houverdes	tiverdes
forem	estiverem	houverem	tiverem

Se *chover*, ficarei em casa.
만일 비가 온다면 나는 집에 있을 것이다.
Sempre que eu *ouvir* esta música, me lembrarei de você.
이 음악을 들을 때마다 너를 기억할 것이다.
Logo que *souber* o resultado, eu lhe telefonarei.
내가 결과를 알게 되면 네게 전화를 할 것이다.

1 **접속법 미래의 활용**: 직설법 완전과거 3인칭 복수형에서 -ram을 빼고 -r, -res, -r, -rmos, -rdes, -rem을 첨가하여 만든다. 규칙동사의 경우 이 시제는 인칭부정법의 형태와 같은 것이 특징이다.

2 용법

다른 접속법 시제의 경우와는 달리 접속사 que에 의해 이끌어지는 명사절에는 나타나지 않는다. 접속법 미래는 주절의 동사가 직설법 미래·현재(의미상 미래)나 또는 명령문으로 종속절에 있어서 미래의 사항을 기술하는 경우에 사용된다.

1) 관계대명사·관계부사에 의해 이끌어지는 절에서

   Aqueles que me *ajudarem* serão recompensados.
   나를 도와주는 사람들은 누구든지 보답을 받을 것이다.
   Convidarei para a festa quem eu *encontrar* na escola.
   학교에서 만나는 사람은 누구든지 파티에 초대할 것이다.
   Ela irá aonde nós a *mandarmos*.
   그녀는 우리가 보내는 곳이면 어디든지 갈 것이다.

2) se(만약), senão(만일 …하지 않는다면), salvo se(만일 …하지 않는다면) 등의 접속사를 포함하는 미래의 단순한 조건을 나타내는 부사절에서도 쓰인다. 이 경우 접속법 미래 대신 직설법 현재가 사용되는 수도 있다.

   Se *tiver* dinheiro, comprarei uma casa.
   돈이 있으면 나는 집 한 채 사겠다.
   Se você *estacionar* o carro aqui, pagará multa.
   네가 여기에 차를 주차시킨다면 벌금을 물게 될 것이다.

3) antes que(…하기 전에), depois que(…한 후에), desde que(…이래로), assim que(…하자마자), logo que(…하자마자), enquanto(…하고 있는 사이), quando(…할 때), até que(…할 때까지), sempre que(…할 때마다), todas as vezes que(…할 때마다) 등에 의해 이끌어지는 미래와 관련된 때를 표현하는 부사절에서 쓰인다. 이 경우 접속법 현재를 쓸 수도 있다.

   O calor não diminuirá enquanto não *chover*.
   비가 오지 않는 한 더위가 사라지지 않을 것이다.
   Quando *puder*, venha visitar-nos.
   가능할 때 우리를 방문해다오.
   Só assinarei os documentos depois que os *ler*.
   서류들을 읽은 다음에나 사인을 하겠다.

Logo que eu *vender* este carro, comprarei outro.
이 차를 팔자마자 다른 차를 살 것이다.

4) como(…처럼), conforme(…에 따라서), segundo(…에 의해) 등에 의해 이끌어지는 상태를 나타내는 부사절에서도 사용된다. 이 경우에도 접속법 현재를 쓸 수 있다.

Vocês podem fazer o desenho como *quiserem*.
너희들이 원하는 대로 도안을 작성해도 된다.

5) quem quer que for(누구든지 간에), seja quem for(누구든지 간에), aconteça o que acontecer(무슨 일이 일어나든지 간에) 등의 양보절에서도 사용된다.

Seja quem *for*, não quererei vê-lo.
누구든지 간에 그를 만나고 싶지 않다.
Aconteça o que *acontecer*, venha falar comigo.
무슨 일이 일어나던지 간에 나를 찾아와 말해다오.

3 접속법 미래완료: ter(haver)의 접속법 미래 + 과거분사

종속절에서 나타나는 미래의 사항을 주절의 것보다 이전에 완료되었음을 강조하고자 할 때 사용한다.

Comprarei o livro depois que já *tiver recebido* o dinheiro.
나는 돈을 받은 후에 그 책을 살 것이다.
Se ela *tiver visitado* Seul até junho, estará no Japão em julho.
그녀가 만약 서울을 6월까지 방문한다면 7월에는 일본에 있을 것이다.

연습문제

1 다음 문장을 번역하시오.

> Quando eu chegar ao Brasil, a primeira coisa que eu vou fazer é procurar um apartamento. Não quero viver num hotel por muito tempo.
>
> Quando eu tiver minha própria casa, vou me sentir mais à vontade. Além disso, talvez eu tenha que comer sempre fora, mas quando sentir saudades de casa e quiser comer a comida do meu país, vou poder prepará-la eu mesmo.
>
> Em segundo lugar, quando eu já estiver acostumado à vida no Brasil, vou comprar um carro. Penso que um carro seja necessário para poder viajar e conhecer melhor o país.
>
> Se tiver tempo e puder viajar, quero conhecer o Rio de Janeiro, Brasília e Foz do Iguaçu.
>
> Se o trabalho não tomar todo o meu tempo, quero fazer muitas outras coisas também: estudar português, praticar esportes, fazer amigos(quem sabe, arranjar uma namorada?...), etc.

49 전치사

전치사는 두 단어를 연결하여 선행하는 단어가 전치사 뒤에 오는 단어를 통해 설명되거나 보충되도록 하는 역할을 한다.

1 a

Vou *ao* Brasil. 나는 브라질로 간다.
Venho aqui sempre *às* 9 horas da manhã.
나는 언제나 오전 9시에 여기로 온다.
Comprei uma pera *a* 1 real.
나는 배 한 개를 1 헤알 주고 샀다.
O que está ao pé é igual ao que está *ao* longe.
가까이 있는 것은 멀리 있는 것과 같다.
A igreja fica daqui *a* dois quilômetros.
교회는 여기서 2 킬로미터 떨어진 곳에 있다.

▶ 장소의 표시

à mesa 식탁에   a bordo 선상에
à porta 문간에   ao norte 북쪽에
à janela 창가에   ao luar 달빛에
à sombra 그늘에   à direita 오른쪽에
ao ar livre 야외에   à cabeceira 머리맡에

▶ 점진성의 표시

uma a uma 하나씩   mês a mês 다달이
pouco a pouco 조금씩   dia a dia: 나날이

▶ **형용사 뒤**에서 쓰이는 경우

- 어떤 사물 또는 사람에 대한 마음가짐을 표현하는 형용사

agradável a	…에 기쁜	nocivo a	…에 해로운
grato a	…에 고마운	contrário a	…과 반대로
favorável a	…에 유리한	fiel a	…에 충성스러운

- **근접**을 나타내는 형용사

próximo a	…에 가까운	vizinho a	…과 이웃의

- **유사함**을 표시하는 형용사

semelhante a	…과 비슷한	igual a	…과 같은
equivalente a	…과 동등한	pararelo a	…와 평행하여

- 다음과 같은 **비교**를 나타내는 형용사 뒤에서도 쓰인다.

anterior a	…이전의	posterior a	…이후의
inferior a	…보다 열등한	superior a	…보다 우월한

▶ 다음과 같은 **동사 뒤**에서도 쓰인다.

acostumar-se a	…에 익숙하다	aprender a	…하는 것을 배우다
apressar-se a	…를 서두르다	continuar a	…를 계속하다
convidar a	…에 초대하다	obrigar a	…하도록 강요하다
chegar a	…에 이르다	decidir-se a	…하기로 결심하다
pôr-se a	…하기 시작하다	começar a	…하기 시작하다

2 até

Caminho do centro da cidade *até* a casa dela.
나는 시내 중심에서 그녀의 집까지 걸어간다.

주의! até는 '…까지도', '…조차도' 라는 의미로도 사용된다.

Correu *até* a esquina.
그는 모퉁이까지 달려갔다.

3 contra

Você é pela Democracia ou *contra* ela?
너는 민주주의 편이냐, 아니면 반대냐?
A casa está voltada *contra* o norte.
그 집은 북쪽을 등지고 있다.

4 de

Venho *do* Brasil
나는 브라질에 온다.
Sou *da* Coréia do Sul.
나는 대한민국 출신이다.
Esta caixa é *de* madeira.
이 상자는 나무로 만들어졌다.
Falávamos *do* navio que naufragou.
우리는 난파한 배에 대해서 말하곤 했다.
Você fica com dor *de* cabeça quando bebe muito?
너는 술을 많이 마시면 머리가 아프니?
Ele morreu *de* fome.
그는 굶어 죽었다.
Ela viaja *de* navio.
그녀는 배로 여행한다.

> ※ 비교: 한편, 교통수단 표현에서 교통수단의 소유주가 표시되는 경우 de대신 em을 쓴다.
> Cheguei *no* avião de Varig.
> 나는 바리그 항공사의 비행기 편으로 도착했다.

▶ 다음의 **관용적 표현**에서도 쓰인다.

estar de luto   상중이다.
ai de mim   아이구, 내 신세야
coitado do Pedro   가엾은 뻬드루

▶ 다음의 **부사구**에서도 쓰인다.

de propósito 고의적으로	de pé 서서
de joelho 무릎을 꿇고	de repente 갑자기

▶ **동사들의 뒤**에서도 쓰인다.

precisar de …를 필요로 하다	gostar de …를 좋아하다
depender de …에 의존하다	lembrar-se de …를 기억하다

5 desde

desde São Paulo até ao Rio.   상 파울루에서 리우까지
Desde o primeiro ano da escola que todos me tratam de bobo.
1학년 때부터 모두들 나를 바보 취급한다.
desde o primeiro até ao último.   처음부터 끝까지

6 em

Iremos ao Rio *em* junho.
우리는 6월에 리우에 갈 것이다.
Não estarei *em* casa amanhã à noite.
나는 내일 밤에 집에 있지 않을 것이다.

▶ 다음의 표현에서도 쓰인다.

pedir em segredo	비밀을 지켜달라고 부탁하다
converter em cinza	재로 변하게 하다
algodão em rama	원면

7 entre

O livro está *entre* a revista e o dicionário.
그 책은 잡지와 사전 사이에 있다.

Aparecerei em sua casa *entre* às 7 e 8 horas.
나는 7시와 8시 사이에 당신의 집으로 가겠습니다.
Entre ti e mim, não há segredo.
너와 나 사이에는 비밀이 없다.

8 para

Este remédio é *para* meu irmão.　이 약은 내 동생을 위한 것이다.
Vou para a escola.　나는 학교에 간다.
Estou *para* sair.
나는 막 나가려고 한다.(= Estou pronto para sair)

9 por

O trabalho está *por* acabar.　그 일은 막 끝나려고 한다.
Por muitos anos, foi reitor da universidade.
아주 오랜 동안 그는 대학의 총장이었다.
Comprei um livro *por* R$ 5,00.
나는 5 헤아이스를 주고 책을 한 권 샀다.
O ônibus passa *pela* Avenida Paulista.
그 버스는 빠울리스따 대로를 지나간다.
Vou permanecer no Brasil *por* cinco anos.
나는 브라질에 5년간 체류할 것이다.
Toma o menino *pela* mão.　그는 소년의 손을 잡는다.
Ele respondeu *por* mim.　그는 나 대신 대답하였다.
Tome uma colher *por* dia.　하루에 한 숟가락씩 드시오.
A mulher morreu *por* ter tomado veneno.
그녀는 독을 마셨기 때문에 죽었다.
Ela deve estar *por* aí.　그녀는 그 근처에 있을 것이 틀림없다.

▶ 다음과 같은 표현에서도 쓰인다.

por meio de …의 방법으로　　pelo correio 우편으로
por toda a vida 평생　　　　　por enquanto 당분간

pela tarde 오후에
por cento 백분율
por isso 그래서
por isso mesmo 바로 그것 때문에

10 sobre

O livro está *sobre* a mesa. 그 책은 책상 위에 있다.
Ontem conversei com ele *sobre* a história do Brasil.
어제 나는 그하고 브라질 역사에 대해 대화를 했다.

11 sob

Aquela estudante estuda *sob* a minha orientação.
저 여학생은 나의 지도하에 공부를 하고 있다.
O Pedro foi ao alfaiate para fazer um terno *sob* medida.
뻬드루는 양복을 맞추기 위해 양복점에 갔다.
(fazer ... sob medida 「…을 주문하여 만들다」)

▶ 다음의 표현에서도 사용된다.

sob D. Manuel 마누엘 왕 통치하에

12 sem

O aluno saiu da sala de aula *sem* pedir licença.
그 학생이 허락도 받지 않고 교실을 나갔다.
Fiquei *sem* dinheiro. 나는 돈이 없었다.
Irei ao Brasil *sem* falta. 나는 꼭 브라질에 갈 것이다.

▶ 다음과 같은 표현에서 쓰인다.

sem dúvida 의심없이
sem casa 거처가 없이
sem sentido 의미없이
sem fim 끝없이
sem mais 각설하고
sem rumo 방향없이

연습문제

1) 전치사에 주의하여 번역하시오.

1) Havia quatro pessoas na sala além de Pedro e Maria.
2) O automóvel está sem gasolina na garagem atrás da casa.
3) Maria não vai ao baile. Ela está de luto.
4) Graças a um amigo apendi a falar português.
5) Quanto a mim você não precisa se preocupar.
6) Meu filho estuda sob minha orientação.
7) A companhia tem progredido muito sob a orientação do novo presidente.
8) O Paulo sentou-se entre você e mim.
9) É proibido estacionar aqui por mais de 20 minutos.
10) O Paulo foi se deitar cedo por estar com sono.
11) Sem vestido novo, a Maria não vai à festa.
12) Ela já estuda esta questão por muitos anos. Estuda sempre as questões do princípio até o fim.
13) Quero falar com você sobre um assunto muito importante.
14) Vou te mandar os livros por via aérea.
15) Depois de fazer compras fiquei sem dinheiro.

50 비인칭동사

> Ontem à noite *nevou* muito.
> 어제밤 눈이 많이 왔다.
> Cão que *ladra* não morde.
> 짖는 개는 물지 않는다.
> *Aconteceu* o que eu imaginava.
> 내가 상상했던 것이 일어났다.

1 동사는 보통 각 인칭에 따라 변화하는데 **3인칭으로만 활용**하는 동사가 몇 가지 있다. 이와 같은 동사를 단인칭동사라고 한다. 의미상으로는 인간이 주어가 되지 못하는 동사, 예를 들면 「비가 온다」「(개가) 짖는다」 등은 당연히 단인칭동사다. 다음 중요한 것을 보면,

1) **자연 현상**을 나타내는 동사 (3인칭 단수형만)

  amanhecer 날이 새다 anoitecer 밤이 되다
  entardecer 저녁 때가 되다 chover 비가 오다
  nevar 눈이 내리다 gear 서리가 내리다
  ventar 바람이 불다 trovejar 천둥이 치다

 Tem chovido muito desde que cheguei ao Brasil.
 내가 브라질에 도착한 때부터 비가 많이 왔다.
 Já *começava a anoitecer* quando *parou de nevar*.
 눈이 그쳤을 때 이미 해가 지기 시작했다.
 (parar de + 동사의 원형 「…하는 것을 그만 둔다」)

> **주의!** 위의 예와 같이 이런 동사가 **다른 동사**(Tem · começava · parou)와 함께 사용될 때는 **그 동사도 3인칭 단수형**으로 된다.

2) 특정 동물·식물의 동작·상태를 표현하는 동사 (3인칭의 단수·복수형)

ladrar · latir 개가 짖다　　miar 고양이가 울다
galopar 말이 뛰다　　trotar 말이 빠른 걸음으로 달리다
brotar 싹이 나오다, 꽃이 피다　　florescer · desabrochar 꽃이 피다

Meu gato *mia* muito antes de comer.
내가 기르고 있는 고양이는 먹기 전에 잘 운다.
As árvores, em geral, *brotam* na primavera.
나무는 일반적으로 봄에 싹을 틔운다.

2 기타의 단인칭 동사

1) 필요·정도·감정 등을 나타내는 다음과 같은 동사가 전치사를 취하는 경우 (3인칭 단수형만) 이것들은 관용적으로 사용되는 것이다.

Basta de bebida!
마실 것은 충분하다!(이젠 더 필요없다는 뜻)
Chega de lamúrias.
우리 소리는 이제 그만해.
Dói-me do lado esquerdo da cabeça.
나는 왼쪽 머리가 아프다.

 doer 「아프다」는 전치사를 동반하지 아니할 때에도 단인칭동사(3인칭 단수·복수형)이다.

　　　Dói-me a cabeça.　　나는 머리가 아프다.
　　　Doem-me os dentes.　나는 이가 아프다.

2) 다음의 동사가 아래 같은 의미를 표현할 때에는 3인칭의 단수·복수형으로만 활용한다. 즉 주어로서 보통명사·명사구·명사절을 취한다.

acontecer 일어난다　　assentar 옷이 …에 잘 어울리다, 맞는다
bastar 충분하다　　constar 성립된다, …라고 말한다, 확실하다
convir 낫다　　cumprir 이행하다
importar 중요하다　　parecer …와 같이 생각된다
suceder 일어난다　　urgir 급하게 필요하다

O teatro *consta* de cinco peças.
연극은 5부분으로 이루어졌다.
Os vestidos lhe *assentam* bem.
그 드레스는 그녀에게 잘 맞는다.
Convém partir mais cedo.
좀 더 빨리 출발하는 것이 좋다.(주어는 partir)

> **주의!** convir는 vir과 같은 변화이지만 직설법 현재에서는 3인칭의 단수·복수형이 각각 convém · convêm로 된다.

Pareceu-me que minha namorada chorava.
내 애인이 운 것 같은 생각이 든다. (주어는 que…)

※ 비교: Ela parece solteira.
그녀는 독신인 것 같다.

3 이 외에 단인칭 동사로서도 사용되는 동사가 있다. 즉 이미 본 것처럼 **ser**(때·날씨)·**haver**(존재·때의 경과)·**fazer**(날씨·때의 경과)·**ter**(존재)·**dar**(가능성) 등이다.

O médico estava com um mau humor terrível:
– O senhor procurou outro médico antes de vir aqui?
– Não senhor. Eu fui à farmácia.
– Para o senhor ver como as pessoas são irresponsáveis…
E que conselho idiota o farmacêutico lhe deu?
– Ele disse que eu procurasse o senhor.

51 부정법

> O *nadar* é bom exercício.
> 수영 하는 것은 좋은 운동이다.
> Eles saíram sem *dizer* nada.
> 그들은 아무 말 없이 나갔다.
> O professor deixou os alunos *falar* na aula.
> 그 선생은 수업중에 학생들이 이야기를 하는 것을 묵인하였다.

포어에는 두가지 형태의 부정법이 있다. 비인칭부정법과 인칭부정법이다. 부정법은 문장을 간결하고 조화있게 꾸미며 강조나 명확을 기하기 위해 사용된다.

1 용법

1) **주어**로 될 수가 있다. 이 경우 비인칭 부정법의 의미상의 주어는 일반적인 사람이다. 남성 단수명사 취급이 되고 정관사는 동반하지 않는 것이 많다.

    Viver é lutar.　　　　　　산다는 것은 투쟁이다.
    É difícil *aprender* coreano.　　한국어를 배운다는 것은 어렵다.

 위의 예문은 일반적인 인간이 aprender의 행위자를 명확하게 하기 위해서는 인칭 부정법을 사용하든가 또는 aprender의 앞에 「para+사람」의 형을 놓는다.
    É difícil para mim aprender coreano.
    또는 É-me difícil aprender coreano.
    한국어를 배운다는 것은 나에게는 어렵다.

2) 타동사 · 전치사의 **목적어**로 될 수가 있다.

    Ela foi *encontrá*-lo ontem.　　　　그녀는 어제 그를 만나러 갔다.
    Ele deixou de *cantar*.　　　　　　그는 노래부르는 것을 그만 두었다.
    Ela pôs os óculos para *ver* melhor.　그녀는 더 잘 보기 위해 안경을 썼다.

O português é difícil de *aprender*. 포르투갈어는 배우기가 어렵다.
É-nos difícil *resolver* o caso. 우리가 그 사건을 해결하는 것은 어렵다.

> 주의! 「fácil · difícil · possível · bom · raro 등의 형용사 + de」의 뒤에 놓여진 부정법은 수동의 의미를 가진다.

3) **지각동사** (ver · ouvir · sentir)또는 **사역동사**(deixar · fazer · mandar)와 함께 사용한다.

Vimos *sair* o Pedro.
우리들은 뻬드루가 나가는 것을 보았다.
Você a ouviu *cantar*?
당신은 그 여자가 노래하는 것을 들었습니까?
Ontem senti a casa *tremer* por causa do terremoto.
어제 나는 지진 때문에 집이 흔들리는 것을 느꼈다.
Ela fez *chorar* a menina.
그녀는 그 소녀를 울렸다.
Vou mandar *construir* uma casa.
나는 집 한 채를 만들게 할 것이다.

> 주의! 지각동사의 경우 부정법 대신에 현재분사가 사용될 때가 있다.
> O senhor a ouviu *cantando*?
> 당신은 그녀가 노래하는 소리를 들었습니까?

4) **명령이나 소망**을 나타내는 것도 있다.

Não falar ao motorista com o carro em movimento.
운행중에는 운전사에게 이야기하지 마십시오.
Cessar fogo! 전투 중지!

5) 주절은 동사의 시제보다도 부정법의 시제가 앞이라는 것을 강조하는 경우에는 **완료비인칭 부정법** 즉 「**ter[haver]+과거분사**」의 형을 사용한다.

O filho foi repreendido por *ter feito* uma brincadeira.
그 아들은 장난을 하였기 때문에 야단맞았다.
A senhora pode me desculpar de *ter chegado* tão tarde?
아주머니는 늦게 온 것을 용서하여 주시겠습니까?
(desculpar + 사람 + de…「…에 대해서 사람을 용서한다」)

52 인칭부정법

falar 말하다	comer 먹다	partir 떠나다
falar	comer	partir
falares	comeres	partires
falar	comer	partir
falarmos	comermos	partirmos
falardes	comerdes	partirdes
falarem	comerem	partirem

É impossível eles *virem*. 그들이 오는 것은 불가능하다.
É difícil *resolvermos* o caso. 우리가 그 사건을 해결하기는 어렵다.

1 인칭부정법이 사용되는 근본적인 이유는 주어를 명확히 할 때, 강조할 때이다.

Ela vai comprar uma televisão para seus pais *verem*.
그녀는 부모를 위하여 텔레비전 한 대를 살 것이다.

주의! para 이하를 부사절 즉 para que로 하면 부사절의 동사는 접속법으로 된다.

2 주절 동사와 부정법의 주어가 같더라도, 또 지각동사, 사역동사의 뒤에서 문장의 뜻을 **명확**하게 하거나 **강조**하고 싶을 때.

Depois de *assistirmos* à festa que tinham preparado, saímos do restaurante.
그들이 준비한 잔치에 참석한 뒤에 우리들은 그 식당을 나왔다.

▶ 비교: Depois de *comer*, saímos de casa.

▶ Começar a, dever, haver de, poder, querer 등의 동사 뒤에서는 인칭부정법이 사용되지 않는다.

Ele começa a chorar. 그는 울기 시작했다.
Você deve fazer isso logo. 너는 이것을 곧 해야만 한다.
Que quer dizer com isso? 그게 무슨 뜻이냐?

▶ 부정사의 주어와 본동사의 주어가 같거나 다르거나 상관없이 사용된다.

Ao *chegarem* os soldados, o povo fugiu.
군인들이 도착하자마자 사람들은 도망쳤다.
Ao *chegarem*, Maria partiu.
그들이 도착하자마자 마리아는 떠났다.
Ao *chegar* o carro, eles se embarcaram.
차가 도착하자 그들은 배에 올랐다.
Ele ajudou o menino a *atravessar* a rua.
그는 어린 아이가 길을 건너는 것을 도왔다.

1 다음 문장을 번역하시오.

1) Ela pediu para eu ficar.
2) Ela sempre pede para eu ajudar.
3) O professor pediu para o aluno ficar quieto.
4) Ela explicou de novo para ele compreender.
5) A menina deu a boneca para eu guardar.
6) O ônibus parou para o passageiro descer.
7) O carro parou para eu passar.
8) Ela chorou por estar triste.
9) Não fui ao escritório por estar resfriado.
10) É preciso lermos atentamente as instruções para saber como funcionam os aparelhos de rádio.
11) Ao verem o pai, as crianças correm ao seu encontro.
12) Não comparecemos à reunião por estarmos todos muito fatigados com a viagem.
13) Antes de ir para casa, ele foi ao dentista.

53 감탄문

> **Que + 명사(부사·형용사) ...!**
>
> Que bonita é a menina!
> 얼마나 그 소녀는 예쁜가!
>
> **Como + 동사 ...!**
>
> Como falam mal português!
> 그들은 포어를 그렇게 못하다니!

1 감탄문

Como 또는 que를 문장 앞에 놓고 감탄부호(!)를 쓴다.

▶ **의문사**를 사용하는 경우

Como é triste a morte do professor!
그 교수의 죽음은 얼마나 슬픈가!
Que miséria vai trazer a pobreza!
가난은 얼마나 비참함을 가져오는가!
Que frio! 　　　　얼마나 추운가!
Quantos livros!　얼마나 책이 많은가!

▶ 다음과 같은 **기타의 표현**도 감탄문으로 볼 수 있다.

Mentira!　　거짓말!
Viva!　　　 만세!
Não adianta chorar!　울어도 소용없다!

adiantar 동사는 '나아간다', '순조롭게 진행되다'의 의미로 많이 쓰이는 동사지만 *não adianta...* 라는 표현에 쓰여 '…해도 소용없다', '…해도 쓸데 없다'의 뜻이 된다.

2 감탄사

▶ 감탄사의 종류

ⓐ 기쁨: ah!, oh!
ⓑ 고무: avante!, coragem!, eia!, vamos!
ⓒ 성원: bem!, bravo!, viva!, bis!
ⓓ 소망: oh!, oxalá!, tomara!
ⓔ 고통: ah!, ui!
ⓕ 놀라움: ah!, chi!, ih!, oh!, vê!
ⓖ 초조: hum!, bem!
ⓗ 호출: alô!, ô!, olá!, psiu!, psit!
ⓘ 침묵: psiu!, silêncio!
ⓙ 중지: alto!, basta!, alto lá!
ⓚ 공포: ui!, uh!

▶ 감탄구문

Ai de mim! 아이구!
Valha-me Deus! 신이여 보호하소서!
Mal haja! 망할 것!

Pobre de mim! 가엾은 내 신세!
Salvo seja! 무사할 지어다!
Ora bolas! 에이, 못난 소리!

▶ 그 외 que, como, tomara를 사용한 감탄문구

Que pena! 안타깝다!
Que vergonha! 너무 창피하다!
Como não! 어떻게 안 그럴 수가!
Tomara que sim! 제발 그렇게 되길!

54 명령법

1 긍정명령

	-ar 동사	-er 동사	-ir 동사
2인칭 단수	-a	-e	-e
2인칭 복수	-ai	-ei	-i

규칙, 불규칙을 불문하고 모든 동사들의 긍정명령 단수, 복수 2인칭은 직설법 현재 단수, 복수 2인칭에서 -s를 뺀 형태와 같다.

falar	fala, falai	말해봐라
atrair	atrai, atrai	이끌어라
aprender	aprende, aprendei	배워라
ferir	fere, feri	상처를 내어라
fazer	faze, fazei	만들어라
partir	parte, parti	떠나라
subir	sobe, subi	오르라

주의! ser는 예외로서 각각 sê, sede가 된다.

2 용법

1) 긍정명령의 tu와 vós에 대한 명령은 위의 표와 같으며 그 외에 você, vocês, senhor(es), senhora(s)에 상응하는 명령은 접속법 현재를 사용한다.

Estuda a tua lição. 네 학과를 공부해라.
Dize a verdade. 바른 대로 말하여라.
Sai da minha frente!
내 앞에서 사라져라!
Falem mais sobre o assunto.
그 문제에 대해 좀 더 말씀해주십시오.

Façam tudo que puderem.
할 수 있는 일은 다 해주십시오.

2) 부정명령에는 접속법 현재가 사용된다.

  Não olhes para trás. 뒤를 돌아보지 마라.
  Não faças caretas. 인상을 쓰지 말아라.
  Não tenha ciúmes. 질투를 하지 마세요.
  Não se incomode, por favor. 제발 걱정마세요.

3) **간곡한 요청**이나 **바램**을 표현하는 문장에서도 접속법 현재가 사용된다.

  Fale mais devagar. 천천히 얘기해 주세요.
  Deixe-me ver. 제가 한번 보겠습니다.
  Tenha a bondade de fazer um favor.
  제게 호의를 베풀어 주세요.
  Dê-me sua opinião, faça o favor.
  죄송하지만 당신의 의견을 말씀해주세요.
  Faça o favor de abrir as janelas.
  창문 좀 열어주세요.

4) ir 동사의 직설법 1인칭 복수형 vamos는 **권유형 명령**으로서 사용된다.

  Vamos embora. 나갑시다.
  Vamos jantar juntos comemorando a sua formatura.
  너의 졸업을 축하하면서 저녁이나 함께 들자.

5) 기도, 기원

  O Senhor, *faça* como quiser!
  주여, 당신 뜻대로 하소서!
  Meu Deus, *dê*-me a força!
  나의 하나님, 제게 힘을 주소서!

6) **명령, 요구, 소망** 등을 표현한다.

  Vai-te embora! 너 나가!
  Amai-vos uns aos outros. 너희들 서로 사랑하라.

3 명령법의 대체

1) 명령법은 단순한 **감탄사**나 **명사구**로도 대치될 수 있다.

> Fogo! = Faça fogo! 발포!
> Silêncio! = Faça silêncio! 조용히 해!
> Avante! = Siga avante! 앞으로 가!
> Mãos ao alto! = Ponha as mãos ao alto! 손들어!

2) **직설법 현재**는 **명령형의 딱딱함을 완화**시키기 위해 쓰이기도 한다.

> Traga-me o dinheiro amanhã.
> = O senhor me *traz* o dinheiro amanhã.
> 내일 나에게 돈을 가져다주시오.
> Tome o remédio indicado.
> = Você *toma* o remédio indicado.
> 너는 지시한 약을 들도록 해라.

3) **직설법 미래**는 명령형을 **완화**하거나 **강화**시키는 역할을 하기도 한다.

> Vem comigo. = Tu *irás* comigo.
> 나와 같이 가자(완화).
> Não mates. = Não *matarás*.
> 살인하지 말라(강화).

4) **접속법 불완전과거**는 다음과 같은 문장에서 명령을 단순한 **제안 정도**로 변모시킨다.

> Cale-se! ⇒ Se você se *calasse*!
> 입 닥쳐라! ⇒ 네가 조용히 하면 좋으련만!
> Chega na hora exata! ⇒ Se *chegasses* na hora exata!
> 정확한 시간에 도착해라! ⇒ 네가 정확한 시간에 도착했으면!

5) 명령이나 금지의 표현에서 **동사원형**이 명령법을 대신하기도 한다.

> *Marchar!* 전진하라!
> Direita, *volver!* 우로 돌아!
> Não *falar* ao motorista com o carro em movimento.
> 운행 중 운전사에게 말을 걸지 마시오.

6) 생략된 표현에서 **동명사**가 명령법에 대체되어 쓰인다.

    Vá andando! = *Andando!*   걸어라!
    Vá correndo! = *Correndo!*   달려라!

7) 말하는 사람이 주어가 되어 **우회적인 방법**으로 명령을 지시하는 경우도 있다.

    Responde-me. = *Ordeno*-te que me respondas.
    나에게 대답을 해라. = 나는 네가 내게 대답하라고 명령한다.

A lenda do galo de Barcelos

    Há muitos anos uma família de peregrinos que passou por Portugal hospedou-se numa estalagem minhota e como levava um grande farnel e fazia pouca despesa, o hospedeiro, que era muito ganancioso, levou os peregrinos ao juiz e disse que eles o tinham roubado.

    O pobre chefe de família, que não tinha ninguém para o defender, pois era desconhecido naqueles sítios, foi condenado à morte.

    Desesperado, foi ao seu farnel, tirou um frango e disse:

    – É tão verdade eu estar inocente, como este galo cantar.

    E o curioso é que o galo cantou mesmo!

    Hoje o galo de Barcelos, feito de barro colorido, é conhecido até no estrangeiro e lembrará sempre esta lenda.

1) 다음 문장을 번역하시오.

1) Tire o cotovelo da mesa.
2) Seja mais amigo do Luís.
3) Meu Deus, dai-me esta calma, esta pobreza.
4) Já vou. Seja mais paciente! Não perca a calma.
5) Leia este livro, e conhecerá o Brasil.
6) Desligue o rádio, por favor. Estou com muita dor de cabeça.
7) Traga-me a correspondência depois.
8) Esteja aqui às 5 horas.
9) Tenha paciência.
10) Perdoa-nos os nossos pecados.
11) Conta-me novidades.
12) Desce daí, moço!
13) Ouvi primeiro e falai por derradeiro.
14) Não ponha os documentos na pasta.
15) Não perca as esperanças.
16) Não venha muito tarde.

55 가정문

> 현재의 사실에 반대되는 가정
>
>   Se eu fosse pássaro, poderia voar.
>   내가 새라면 날 수 있을 텐데.
>
> 미래의 확정적인 사실에 반대되는 가정
>
>   Se amanhã fosse domingo, você não se deitaria tão cedo.
>   내일이 일요일이라면 너는 그렇게 일찍 줍지 잠자리에 들지 않을 것이다.
>
> 미래에 대한 추측이나 강한 의혹(가정법 미래)
>
>   Se chover amanhã, ficarei em casa.
>   만약 내일 비가 온다면 집에 있을 것이다.
>
> 과거의 사실에 반대되는 가정
>
>   Se eu tivesse sabido o endereço dela, teria a visitado.
>   내가 그녀의 주소를 알았더라면 방문했을 텐데.

가정문은 조건을 표시하는 부사절(일반적으로 접속사 se에 의하여 인도된다)과 주절로 이루어진다.

1 현재의 사실에 반대되는 가정

조건절: se + 접속법 불완전과거
주절: 직설법 과거미래

Se tivesse dinheiro, eu o daria para você.
내가 돈이 있으면 네게 줄 텐데.
Se eu pudesse ir à feira, compraria uma dúzia de laranjas.
내가 시장에 갈 수 있으면 오렌지 12개를 살 텐데.
Se eu tivesse um barco, partiria agora.

내가 배를 가지고 있으면 지금 떠날 텐데.

 이미 앞에서 본 것처럼 구어에서는 주절의 직설법 과거미래 대신 직설법 불완전과거가 넓게 사용된다.

O Paulo ia(=iria) à China se tivesse dinheiro.
빠울루가 돈이 있다면 중국에 갈 텐데.

2 미래의 확정적인 사실에 반대되는 가정

Se eu tivesse tempo livre depois de amanhã, iria(=ia) à praia para pescar.
내가 만일 모레 시간이 있으면 낚시하러 갈 수 있을 텐데.
Você ficaria(=ficava) contente se não houvesse aula amanhã?
내일 수업이 없다면 너는 만족할까?
No próximo ano, marticular-me-ia na universidade, se não fosse tão novo.
내가 그렇게 어리지만 않아도 내년에 대학에 등록할 텐데.

3 미래에 대한 단순한 가정

조건절: se + 접속법 미래(직설법)
주절: 직설법 미래(직설법, 명령법)

Se eu for presidente da República, resolverei o problema primeiro.
내가 만일 공화국의 대통령이라면 그 문제를 먼저 해결할 것이다.
Se tiver tempo, assistirei à festa.
시간이 있다면 그 축제에 참가할 것이다.

4 과거의 사실에 반대되는 가정

조건절: se + 접속법 과거완료
주절: 직설법 과거미래완료

Se eu tivesse tido muito dinheiro, eu o teria dado ao senhor.
내가 돈이 많았었다면 당신에게 줄 수 있었을 텐데.

주의! 이 문장은 다음과 같이 바꾸어 쓸 수도 있다.
Se tivesse dinheiro, eu o daria ao senhor.

Se você me tivesse dado(desse) o endereço dela, eu teria escrito (escreveria · escrevia · tinha escrito) para ela ontem à noite.
만일 네가 그녀의 주소를 나에게 일러주었다면 나는 어젯밤 그녀에게 편지를 썼을 텐데.

A CAPOEIRA

De origem africana (Angola), a luta da capoeira foi usada pelos negros escravos como defesa, quando fugiam para o mato em busca da liberdade. Mas é também uma luta agressiva com alguns golpes que chegam a ser mortais.

Atualmente o jogo da capoeira é um elemento de folclore e tradição e se difundiu, principalmente, na Bahia. Essa luta dá a impressão de uma dança de movimentos muito bonitos, exigindo grande preparo físico.

A luta é acompanhada por vários instrumentos como o pandeiro, o atabaque, o reco-reco, o chocalho e pelo mais importante deles, o berimbau. Os participantes cantam música de origem popular, às vezes, improvisadas. Os capoeiristas começam o seu jogo depois de ouvirem a música por algum tempo. Os instrumentos acompanham o ritmo da luta, mais lento no início e mais rápido à medida que ela evolui.

A capoeira, que faz parte da cultura do povo brasileiro, atrai pessoas de vários outros países pela sua singularidade.

56 시제의 통합

포어는 크게 직설법, 접속법, 명령법, 부정법으로 이루어진다.

1 직설법

현재

O José *estuda* muito todos os dias.
쥬제는 매일 열심히 공부한다.

현재완료

Ele *tem estudado* muito.
그는 공부를 잘해오고 있다.

완전과거

A Maria *foi* à igreja.
마리아는 교회에 갔다.

불완전과거

Eu sempre *nadava* no mar.
나는 언제나 그 바다에서 수영을 하곤 했다.

과거완료

Eu já *tinha saído*(saíra) de casa quando ele chegou.
나는 그녀가 도착했을 때 이미 집에서 나왔었다.

미래

Partirei amanhã.
내일 나는 떠날 것이다.

미래완료

> Amanhã a estas mesmas horas *teremos chegado* ao Rio.
> 내일 이 시간쯤이면 리우에 도착해 있을 것이다.

과거미래

> O Paulo me disse que *iria* ao cinema no dia seguinte.
> 빠울루는 다음날 영화관에 간다고 내게 말했었다.

과거미래완료

> Eu *teria passado* no vestibular se tivesse estudado com afinco.
> 내가 좀 더 열심히 공부했었더라면 입학시험에 합격했을 것이다.

2 접속법

현재

> Espero que meu filho *passe* no exame.
> 나는 내 아들이 시험에 합격하기를 기대한다.

불완전과거

> Pensei que ele *fosse* brasileiro.
> 나는 그가 브라질인이라고 생각했다.

현재완료

> Sinto que ele não *tenha trazido* o meu livro consigo.
> 그가 나의 책을 가져오지 않은 것이 섭섭하다.

과거완료

> Senti que o Màrio não *tivesse conseguido* dormir ontem à noite.
> 나는 마리우가 어젯밤 잠을 못 잔 것이 유감스러웠다.

미래

Se *chover* muito, não irei à praia.
비가 많이 오면 나는 해변에 가지 않을 것이다.

미래완료

Ele me avisará quando *tiver terminado* este relatório.
그가 이 보고서를 다 마치면 내게 알릴 것이다.

3 명령법

Estuda mais.
공부 좀 더해라.

4 부정법

비인칭부정법

Antes de *comer*, devemos rezar.
식사를 하기 전에 우리는 기도를 해야만 한다.

인칭부정법

Ela vai comprar uma casa perto da escola para seus filhos *morarem*.
그녀는 학교 가까이 그녀의 자식들이 살 집을 구입할 것이다.

57 동명사와 분사

1 **동명사(현재분사)**는 동사가 서술하는 **상황**이 **진행중**임을 나타내고 부사적 또는 형용사적인 역할을 한다. 단순형의 동명사는 주절의 상황과 시제가 동일하며 복합형의 동명사는 주절에서 나타난 시제보다 이전에 완료된 상황을 나타낸다.

동명사: -ar: morando   살면서
       -er: bebendo   마시면서
       -ir: partindo 떠나면서

 pôr와 그 합성동사들은 다음과 같이 변한다.
pôr: pondo 놓으면서
compor: compondo 구성하며
supor: supondo 상상하며

1) **때**를 표시한다.

Passeando(Quando passeava) pelo jardim botânico, encontrei uma brasileira bonitinha.
나는 식물원을 산책하다가 멋진 브라질여인을 만났다.
Tendo-lhe explicado nós(Depois que lhe explicamos) os regulamentos, o trabalho tornou-se fácil.
우리들이 그에게 그 내규를 설명한 다음부터 그 일이 쉽게 진행되었다.

 현재분사가 이끄는 종속절이 주절의 뒤에 나올 때, 주절의 동사보다 이후에 이루어진 행위를 표현하는 경우가 많다.
Ela me chamou, convidando(e convidou) para tomar café.
그녀는 나를 불러 커피를 마시자고 초대하였다.

2) **상태**를 표시한다.

Ele entrou *cantando* alto.   그는 크게 노래를 부르며 들어왔다.
Ele dorme *roncando*(e ao mesmo tempo ronca).
그는 코를 골면서 잔다.

3) **양보**를 표시한다.

    Não sendo religioso(Embora não fosse religioso), ele ia à igreja aos domingos.
    그는 신자는 아니었지만 일요일마다 교회에 가곤 했었다.

4) **원인**이나 **이유**를 표시한다.

    Recebendo(Como recebi) a carta da namorada, estou muito contente.
    나는 애인으로부터 편지를 받아서 대단히 만족하다.
    Trabalhando, ele enriqueceu.
    일을 했기 때문에 그는 부유해졌다.
    Chovendo(Como chovia), não saí de casa.
    비가 왔기 때문에 외출하지 않았다.

5) **조건**을 표시한다.

    Andando(Se andar) depressa, você pegará o metrô.
    빨리 걸으면 너는 전철을 탈 수 있을 것이다.
    Ficando aí(Se ficar aí), nada verá.
    거기에 있으면 아무것도 못 볼 것이다.

6) **명령법**을 대신하여 쓰인다.

    Andando! (=Vá andando!, Ande!)   걸어!

7) 조동사와 함께 쓰여 **연속성**을 나타낸다.

    O tempo foi *passando* devagar.
    세월은 천천히 지나갔다.
    A menina ficou *chorando* toda a noite.
    소녀는 밤새 울고 있었다.

2 과거분사

과거분사는 동사가 서술하는 상황이 **완료**되었거나 **수동형**임을 나타낼 때 쓰이며 주로 형용사적인 역할을 한다.

> 과거분사: -ar: amar - amado   사랑한
> -er: beber - bebido   마신
> -ir: partir - partido   떠난

1) 조동사 ter나 haver와 결합하여 완료형을 이룬다. 이 때 분사는 성과 수에 영향을 받지 않는다.

> O menino tem *feito* o trabalho.
> 그 소년이 그 일을 했다.
> As meninas têm *feito* o trabalho.
> 그 소녀들이 그 일을 했다.

2) 조동사 ser나 estar와 결합하여 **수동태**를 만든다. 이 때 분사는 성과 수에 따라 변한다.

> O menino foi *visto* por todos.
> 그 소년은 모든 사람들에 의해 목격되었다.
> As meninas foram *vistas* por todos.
> 그 소녀들은 모든 사람들에 의해 목격되었다.

3) 복합문에서는 다음과 같이 쓰인다.

① **때**를 표시한다.
> *Acabada* a cerimônia(Quando a cerimônia acabou), os alunos saíram.
> 예식이 끝나고 학생들이 나갔다.
> *Posto* o sol(Depois que o sol se põe), os pássaros não cantam.
> 해가 지면 새들은 지저귀지 않는다.
> *Abertas* as portas(Depois que foram abertas as portas) entraram as visitas.
> 문이 열린 후에 방문객들이 들어왔다.

② **원인** 또는 **이유**를 표시한다.
Ofendido pelo empregado, o patrão descontrolou-se.
하인에게 모욕을 당하고 그 주인은 이성을 잃었다.
Perdida(Como foi perdid) no centro, a menina estava para chorar.
시내에서 길을 잃고 그 소녀는 울기 직전이었다.

③ **양보**를 나타낸다.
Mesmo *oprimidos*(Mesmo que sejamos oprimidos), não cederemos.
비록 억눌림을 당한다해도 우리는 굽히지 않을 것이다.
Sitiada por um inimigo implacável, a cidade não se rendeu.
나쁜 적에 의해 포위되었음에도 그 도시는 항복하지 않았다.

É o amor, de todas as paixões, a mais forte, porque ataca ao mesmo tempo a cabeça, o coração e o corpo. (Voltaire)

Nada seca tão rapidamente uma lágrima como um beijo. (A. Ricardi)

Amor! Que volume numa palavra! Um oceano numa lágrima! Um sétimo céu num olhar; um turbilhão num suspiro; o relâmpago num toque; um milênio num momento. (Trupper)

① 동명사(현재분사)와 과거분사에 주의하여 다음을 번역하시오.

1) Morando no centro, íamos com freqüência ao cinema.
2) A noite vem chegando de mansinho.
3) O trabalho tem mais valor, sendo à mão.
4) Sendo possível, terminarei o trabalho hoje.
5) Lendo devagar, qualquer pessoa compreenderá a explicação.
6) Convenci-o falando uma hora.
7) Passaram guardas, conduzindo presos.
8) O vaso caiu no chão, despedaçando-se.
9) Terminado o almoço, comentamos as notícias do dia.
10) Mesmo picado por uma cobra, o novilho não morreu.
11) Caídas as folhas, as meninas ficam tristes.
12) Você varrendo o quarto, não encontrou nenhum dinheiro?
13) Caiu da cama dormindo.
14) Enriqueceu vendendo jóias.
15) O professor trabalhou conversando com os alunos.

58 직접화법과 간접화법

다른 사람의 말은 직접 그대로 전달하는 방법을 직접화법이라고 하고, 다른 사람의 말은 인용부호 없이 간접으로 전달하는 방법을 간접화법이라 한다.

1 시제의 일치: 전달동사(주절의 동사)가 직설법의 현재·미래인 경우는 종속절 동사의 시제의 변화는 없다. 전달동사가 직설법의 과거시제(즉 완전과거·불완전과거·과거완료·과거미래의 어느 것이든)인 경우는 다음과 같이 변한다.

▷ 직설법 현재 → 직설법 불완전 과거

- O menino disse: - *Estou* com muita fome.
- O menino disse que *estava* com muita fome.

그 소년은 무척 배고프다고 말했다.

▷ 직설법 불완전 과거 → 직설법 불완전 과거

- Elas disseram: - Não *sabíamos* disso.
- Elas disseram que não *sabiam* disso.

그녀는 그것에 대하여 모른다고 하였다.

▷ 직설법 현재완료·완전과거·과거완료 → 직설법 과거완료

- Ele me respondeu: - Minha filha *tem passado* bem.
- Ele me respondeu que sua filha *tinha passado* bem.

그는 자기의 딸이 건강하다고 나에게 대답하였다.

- Ele disse: - já *vi* a exposição de caligrafia.
- Ele disse que já *tinha visto* a exposição de caligrafia.

그는 이미 그 서예 전람회를 보았다고 말하였다.

▷ 직설법 미래·과거 → 직설법 과거미래

- Ele disse: - *Partirei* para o Brasil amanhã.
- Ele disse que *partiria* para o Brasil no dia seguinte.

그는 다음날 브라질로 출발한다고 말하였다.

현재에서 보아도 더욱 미래가 되는 사실에는 미래형이 그대로 쓰인다.
- Você disse: - *Viajarei* pela Europa.
- Você disse que *viajará* pela Europa.
너는 유럽으로 여행한다고 말하였다.

▷ 접속법 현재 · 미래 → 접속법 불완전과거

- O meu pai me disse: - *Compre* o que você *desej*.
- O meu pai me ordenou que *comprasse* o que eu *desejasse*.
나의 아버지는 나에게 좋아하는 것을 사라고 말하였다.
- O professor disse: - Se *chover*, ficarei em casa.
- O professor disse que se *chovesse*, ficaria em casa.
교수님은 비가 오면 집에 있겠다고 말하였다.

▷ 접속법 완전과거 · 과거완료 → 접속법 과거완료

- Paulo me disse: - Espero que ela *tenha chegado*.
- Paulo me disse que esperava que ela *tivesse chegado*.
마리아는 그녀가 도착했기를 기대한다고 나에게 말하였다.

2 피전달부가 의문문의 경우

▷ **의문부사가 없는 의문문**은 접속사 que 대신에 **se**를 사용한다.

- O professor me disse: - Já leu esse livro?
- O professor me perguntou *se* já tinha lido aquele livro.
선생님께서 그 책을 읽었냐고 나에게 물었다.

▷ **의문사가 있는 의문문**은 그 **의문사**를 사용한다.

- O meu amigo me disse: - Como vai sua filha?
- O meu amigo me perguntou como ia minha filha.
내 친구는 나에게 딸이 건강하냐고 물었다.

3 부사 · 지시형용사 · 지시대명사의 바꾸는 법

amanhã → no dia seguinte   ontem → no dia anterior
este · esse → aquele   isto · isso → aquilo
aqui · aí → ali · lá
- Ele disse: - Este livro *aqui* é meu.
- Ele disse que *aquele* livro *ali*[lá] era seu.
그는 저기에 있는 책은 자기의 것이라고 말하였다.

 이와 같이 바꾸지 않으면 안 되는 것은 간접화법의 대화자가 놓여져 있는 상황이 전달부의 상황과 다른 경우이다.

Amar é encontrar na felicidade de outrem a própria felicidade. (Leibnitz)

O amor é cego, a amizade fecha os olhos. (Pascal)

A bondade e o amor são os remédios mais eficazes contra os desgostos da vida. (Jean Finot)

O tempo fortifica a amizade, mas pode enfraquecer o amor. (La Bruyère)

Para quem ama, basta uma palavra, um olhar, uma inflexão de voz. (Balzac)

Não há nada que mais estreite dois corações do que haverem chorado juntos.
(J. J. Rousseau)

연습문제

1) 다음을 간접화법으로 바꾸시오.

1) Ela diz: - Eu não posso.
2) Ela disse: - Eu não posso.
3) Ela disse: - Eu não pude fazer nada.
4) Ele pergunta: - Você vai comigo?
5) Ele perguntou: - Você vai comigo?
6) Ele me diz: - Faça o trabalho.
7) Ele me disse: - Faça o trabalho.
8) "Não vamos sair hoje", disse ele.
9) "Você quer sair comigo?", perguntou ele.

2) 다음을 번역하시오.

Um pouco de nossa história

O Brasil não é um país muito antigo. Ele ainda não tem 500 anos, mas muita coisa já aconteceu desde que os portugueses aqui chegaram em 1500. O Brasil, durante 300 anos como colônia de Portugal, desenvolveu-se lentamente. Mas, em fins de 1807, D. João VI e a família real portuguesa abandonaram Lisboa e instalaram-se no Rio de Janeiro, devido à invasão de Portugal pelos exércitos de Napoleão.

O Rio de Janeiro, naquela época, era uma pequena cidade de 60.000 habitantes e a chegada da corte portuguesa com 15.000 pessoas mudou completamente a vida do lugar.

O país progrediu bastante com a presença da corte.

Em 1821, D. João VI voltou para Portugal, mas deixou em seu lugar o seu filho D. Pedro, o príncipe herdeiro.

D. Pedro tinha 9 anos, quando chegou ao Brasil. Foi criado em liberdade e amava a nova terra como sua segunda pátria.

    Depois da partida de seu pai, D. Pedro ficou numa situação difícil. De um lado, devia defender os interesses de Portugal, que não queria a nossa liberdade. De outro, sentindo-se também brasileiro, compreendia o desejo de independência do país.

    A 7 de setembro de 1822, D. Pedro, contrariando as intenções de Portugal, proclamou a nossa independência. Isso aconteceu em São Paulo, às margens do riacho lpiranga. D. Pedro tinha vindo a esta província a fim de acalmar os patriotas, que exigiam a independência. Voltando de Santos, parou, com sua comitiva, às margens daquele riacho. Recebeu aí um mensageiro com a correspondência da corte portuguesa. Irritado com a carta de seu pai, que lhe ordenava voltar para Portugal, D. Pedro arrancou do chapéu as fitas com as cores portuguesas e, erguendo a espada, gritou: "Independência ou Morte!"

부록

연습문제편

I. 다음의 문장들을 보기를 따라 완성하시오.

① 보기: Eu vou à aula todos os dias.

    1) Ela _____
    2) Eles _____
    3) Nós _____
    4) Ele _____
    5) Você _____

② 보기: Eu tenho um livro ótimo.

    1) Ela _____
    2) Eles _____

③ 보기: Eu estou gostando muito desta cidade.

    1) Eu _____ muito no restaurante. (trabalhar)
    2) Ela _____ três janelas abertas. (ver)
    3) Eles _____ na universidade. (estudar)
    4) João e Pedro _____ nesta cidade. (morar)
    5) Nós _____ maionese com frango. (comer)

④ 보기: Nós estamos saindo cedo todos os dias.

    1) Ele _____ cedo todos os dias.
    2) Ela _____ cedo todos os dias.
    3) Vocês _____ cedo todos os dias.
    4) José, Maria e eu _____ cedo todos os dias.
    5) Eu _____ cedo todos os dias.

5) 보기: Ontem eu fui à aula.

1) Ontem ela _____
2) Ontem eles _____
3) Ontem Jorge e sua namorada _____ ao cinema.
4) Carlos e Ana _____ para a França no início do ano.
5) Nós _____ ao restaurante ontem.

6) 보기: Ontem, eu comi macarrão e bebi vinho. (comer/beber)

1) A senhora _____ as mesas e as cadeiras ontem. (vender)
2) Aquela senhora _____ neste restaurante ontem. (comer)
3) Ontem, Miriam _____ uma carta para sua amiga. (escrever)
4) Ontem, João _____ Maria e _____ com ela. (encontrar/falar)
5) Estes alunos _____ português no ano passado. (aprender)
6) No ano passado, nós _____ em Londres e _____ Nova York. (trabalhar/visitar)

II. 다음의 빈칸에 주어진 동사를 사용하여 채우시오.

1. 직설법 현재

1) Não _____ tarde. (ser)
2) Ainda _____ em tempo de aprender. (estar)
3) As leis _____ rigorosas. (ser)
4) Ela _____ uma coleção de bonecas. (ter)
5) Nós _____ trabalhando muito. (estar)
6) Vocês _____ estudantes de português. (ser)
7) Nós _____ de vencer. (haver)

8) _____ muita gente na festa. (haver)
   9) As crianças _____ muitos brinquedos. (ter)
   10) Paulo _____ bom estudante. (ser)
   11) Eu não _____ medo do escuro. (ter)
   12) No bosque _____ muitas árvores frondosas. (haver)

 2. 직설법 반과거
   1) Ontem eu _____ muita febre. (ter)
   2) _____ muita briga no jogo de futebol do sábado passado. (haver)
   3) No ano passado nós _____ na Europa. (estar)
   4) Eu _____ bem nos exames de português. (ir)
   5) Nossos vizinhos _____ embora ontem. (ir)
   6) Maria Dulce _____ doente. (estar)
   7) Nós _____ muito bem recebidos na recepção. (ser)
   8) Eu _____ fazer compras no centro da cidade. (ir)
   9) Eles _____ dor-de-cabeça. (ter)
   10) _____ discussões entre os advogados. (haver)
   11) Ana Lúcia _____ nos Estados Unidos no inverno passado. (estar)
   12) Eles _____ que fazer as provas de novo. (ter)

III. 다음의 질문에 대한 응답을 만들어보시오.

   1) Qual é o seu nome?
   2) Onde você mora?
   3) Quantos anos você tem?
   4) Qual é a sua profissão?
   5) Onde você trabalha?
   6) A que horas você trabalha?
   7) Para trabalhar, qual o meio de transporte que você usa?
   8) Quanto tempo você gasta para ir ao trabalho?
   9) Onde você almoça durante a semana?
   10) Onde você passa suas férias?
   11) Qual é o seu passatempo favorito?

12) Qual é o seu estado civil?
13) Você lê freqüentemente? O que você lê?
14) Qual é o homem que você admira mais?
15) Qual é a mulher que você admira mais?

IV. 보기를 따라 문장을 전환하시오.

> 보기: Atualmente ele acorda às 8 horas.
> Antigamente - Ele acordava às 8 horas.
> Ontem - Ele acordou às 8 horas.
> Amanhã - Ele acordará às 8 horas.
> Agora - Ele está acordando às 8 horas.

1) Atualmente nós cantamos suavemente.
   Antigamente _____
   Ontem _____
   Amanhã _____
   Agora _____

2) Atualmente _____
   Antigamente _____
   Ontem vocês receberam as visitas cordialmente.
   Amanhã _____
   Agora _____

3) Atualmente _____
   Antigamente _____
   Ontem _____
   Amanhã _____
   Agora ele está andando apressadamente.

④ Atualmente _____
Antigamente _____
Ontem _____
Amanhã eu lerei uma revista atenciosamente.
Agora _____

⑤ Atualmente _____
Antigamente nós subíamos a escada cautelosamente.
Ontem _____
Amanhã _____
Agora _____

V. 다음 문장의 빈칸을 주어진 동사를 직설법 미래로 활용하여 채우시오.

1) Maria _____ para a Europa. (viajar)
2) Não sei quando _____ com você. (falar)
3) Acho que _____ o meu carro. (vender)
4) O avião _____ dentro de uma hora. (partir)
5) Creio que ele _____ conosco. (ir)
6) Amanhã nós _____ provas de português. (fazer)
7) Amélia _____ aqui no mês que vem. (estar).
8) Nós _____ um carro no Natal. (ganhar)
9) Carlos e Pedro _____ no concerto. (tocar)
10) Eles _____ vencer? (conseguir)
11) Você _____ das piadas de Juca Chaves? (rir)
12) Eu _____ presentes no aniversário dele. (comprar)
13) Flávia _____ um beijo no namorado amanhã. (dar)
14) Elas não _____ ir ao cinema hoje. (poder)
15) Márcia e Ana _____ na festa hoje à noite. (dançar)
16) Ela e Pedro _____ as escadas do Teatro Municipal. (subir)
17) Nós _____ ! (vencer)
18) No futuro nós _____ importantes. (ser)
19) No próximo ano, eu _____ em Paris. (estar)

20) Em julho _____ meus pais na Argentina. (visitar)
21) _____ meu salário no fim do mês. (receber)
22) Paula _____ no melhor restaurante da cidade. (comer)
23) Os japoneses _____ em São Paulo hoje. (chegar)
24) Os alemães _____ em Santa Catarina. (morar)
25) Em dezembro nós _____ para o Sul. (ir)
26) Eu _____ até a Pampulha hoje. (correr)
27) Vocês _____ cerveja e Coca no bar. (beber)
28) _____ sobre os nossos problemas. (conversar)

VI. 다음 문장을 직설법 완전과거로 전환하시오.

1) Eu vou ao teatro.
2) Dona Dulce vai à escola.
3) Os deputados vão para Brasília.
4) O doutor Alceu vai para casa.
5) Eu vou para o escritório.
6) Nós vamos ao aeroporto.
7) Vocês vão a algum lugar?
8) O senador vai ao Rio?
9) Eu sou convidada para muitas festas.
10) Nós somos apresentados a muita gente.
11) Eles são deputados.
12) Nós somos alunos de português.
13) O seu Luís é amigo de todos.
14) São dias agradabilíssimos.
15) Você é amigo dele?

por que, por quê, porque, porquê의 용법

1. por que

① 의문문에서

Por que você demorou?
Por que os países vivem em guerra?
Por que sinais o reconheceram?

② 이유나 동기의 표현

Não sei por que razão ele faltou.
Ninguém sabe por que motivo ele deixou o emprego.
(제목에 있어 예외의 사용도 있다.)

③ para que, pelo qual, pela gual, pelos quais, pelas quais로 대치될 수도 있다.

Todos lutamos por que(para que) haja maior justiça social.
Estavam aniosos por que(para que) ela voltasse.
Este é o caminho por que(pelo qual) seguiu.

2. por quê

전 문제에 예견되는 문장을 끝낼 때.

As torcidas nunca aceitam o resultado adverso. Por quê?
Estava triste sem saber por quê.
O diretor nos advertiu e perguntamos por quê(razão nos advertiu).
Muitos protestaram, mas não havia por quê (motivo para protestar).
Vocês brigaram, meu Deus, por quê?

3. porque

다음과 같은 뜻으로 쓰일 때: pois, porquanto, uma vez que, pelo fato 또는 motivo de que

Não viajei porque perdi o avião.
Cheguei cedo porque o estádio hoje vai ficar lotado.

4. porquê

다음과 같은 뜻으로 쓰일 때: motivo, causa, razão.

Não sei o porquê da sua recusa.
O diretor não quis explicar os porquês da decisão.

브라질 지역 특색

리우사람 (carioca)
까리오까라고 부르며, 인생을 즐길줄 알고,
항상 해변에 살며, 우스개 소리를 잘한다.

중부사람 (mineiro)
미네이루라고 부르며, 말이 없고,
속마음을 좀처럼 드러내지 않으며, 구두쇠이다.

상파울루사람 (paulista)
빠울리스따라고 부르며, 단지 일만하고,
오직 돈만 벌며, 인생을 즐길 줄 모른다.

남부사람 (gaúcho)
가우슈(목동)라고 부르며, 화끈한 사람들이고,
바베큐와 차(마떼차) 없이는 살지 못하는 사람.

격언

A mentira tem pernas curtas.	거짓말은 오래가지 못한다.
A voz do povo é a voz de Deus.	국민의 소리는 하나님의 소리다.
Água mole em pedra dura tanto bate até que fura.	끝없는 물방울이 돌을 뚫는다.
Ajoelhou, tem que rezar.	칼을 뺏으면 호박이라도 잘라야지.
As aparências enganam.	빛 좋은 개살구
Cão que ladra não morde.	짖는 개는 물지 않는다.
De grão em grão a galinha enche o papo.	티끌모아 태산
Depois da tempestade vem a bonança.	폭풍 후에 고요가 온다.
Deus ajuda quem cedo madruga.	하늘은 스스로 돕는자를 돕는다.
Devagar se vai ao longe.	천리길도 한 걸음부터
Em terra de cego o que tem um olho é rei.	장님 나라에는 애꾸가 왕
Filho de peixe, peixinho é. Tal pai, tal filho.	그 아버지의 그 아들(부전자전)
Mais vale um pássaro na mão do que dois voando.	손안에 한 마리 새는 공중의 두 마리보다 낫다.
Mata dois coelhos com uma cajadada só.	일석이조
Pau que nasce torto morre torto.	세 살버릇 여든까지 간다.
Quem não arrisca, não petisca.	호랑이 굴에 가야 호랑이 잡는다.
Quem não chora não mama.	우는 아이에게 젖준다.
Quem não deve não teme.	도둑놈 제발 저린다.
Quem não tem cão, caça com gato.	이 없으면 잇몸으로
Quem semeia vento, colhe tempestade.	되로 주고 말로 받는다.

Quem tudo quer, tudo perde.	대탐대실
Roma não foi feita num dia.	로마는 하루 아침에 이루어지지 않았다.
Uma andorinha só não faz verão.	한 마리 제비가 왔다고 여름이 온 것은 아니다.
Tapar o sol com a peneira.	손바닥으로 하늘 가리기.
Gato escaldado de água fria tem medo.	자라보고 놀란 가슴 솥뚜껑보고 놀란다.
As más notícias correm.	나쁜 소문은 빨리도 퍼진다.
A união faz a força.	뭉치면 힘이다.
A galinha do vizinho é sempre mais gorda.	남의 떡이 더 커보인다.
Puxar a água a seu moinho.	아전인수
Vender gato por lebre.	양두구육
A rã no seu charco não conhece o mar.	우물 안의 개구리 세상 넓은 줄 모른다.
Querer é poder.	뜻이 있는 곳에 길이 있다.
Saber é poder.	아는 것이 힘이다.
Ensinar o pai nosso ao padre.	공자 앞에서 문자쓴다.
O dinheiro é bom servidor mas mau senhor.	돈은 좋은 하인이지만 나쁜 주인이다.
O que se aprende no berço dura até a sepultura.	세 살 버릇이 여든까지 간다.
Sabem muito os ratos mas sabem mais os gatos.	뛰는 놈 위에 나는 놈 있다.
Não há bem que sempre dura e nem mal que nunca acabe.	영원한 좋은 것도 끝나지 않는 나쁜 것도 없다.
Não contes os pintos senão depois de nascidos.	김치국부터 마시지 말라.

Nem tudo que luz é ouro.	반짝인다고 해서 모두 금은 아니다.
A fome não há mau pão. A fome faz sair o lobo do mato.	시장이 반찬이다.
Da discussão nasce a luz.	백지장도 맞들면 낫다.
Longe da vista, longe do coração.	멀어지면 마음조차 멀어진다.
Não há fumo sem fogo.	아니 땐 굴뚝에 연기나랴?
Há males que vêm para o bem.	전화위복
Não adianta chorar o leite derramado.	엎질러진 물이다.
Não deixe para amanhã o que pode fazer hoje.	오늘 할 일을 내일로 미루지 마라.
As paredes têm ouvidos.	낮 말은 새가 듣고 밤 말은 쥐가 듣는다.
Amigo é amigo, negócio é negócio.	공은 공, 사는 사
O tempo não espera por nós não nos aguarda o tempo que passa.	흐르는 세월은 우리를 기다리지 않는다.
Quem dá o pão, dá o pau.	귀여운 자식에게 매를 때린다.
Mais vale prevenir do que remediar.	유비무환
Não há gosto, sem desgosto.	고진감래
Quem é feio ama, bonito lhe parece.	제 눈에 안경
Quando fala do diabo, o rabo aparece.	호랑이 제말하면 온다.
Devagar que ter pressa.	급할수록 천천히
Uma ovelha má põe o rebanho a perder.	미꾸라지 한 마리가 강물을 흐려놓는다.

여러 가지 기본 단어

<동물>
boi	황소
cachorro	강아지
carneiro	양
cavalo	말
coelho	토끼
gato	고양이
macaco	원숭이
porco	돼지
tartaruga	거북이

<새>
andorinha	제비
arara	아라라(큰 앵무새의 일종)
beija-flor	벌새
canário	카나리아
papagaio	앵무새
pica-pau	딱따구리
gaivota	갈매기
galinha	암탉
galo	수탉
garça	왜가리
pato	오리
pombo	비둘기

<악기>
bateria	타악기일체
berimbau	베링바우
flauta	플루우트
guitarra	기타
órgão	오르간
saxofone	색소폰
violão	비올러웅
violino	바이올린

<종교>
budista	불교
católica	카톨릭교
espírita	정령교
judaica	유대교
muçulmana	이슬람교
protestante/baptista	개신교
ateu/atéia	무신론자

<표현>
Droga!	젠장!
Eu, hein!	내가, 엉!
Legal!:	좋아!
Mas que coisa!	어쩌면 이런 일이!
Meu Deus!	맙소사!
Nossa!	세상에!
Puxa!	세상에!
Puxa vida!	세상에!
Virgem Maria!	맙소사!
Nossa Senhora!	맙소사!

<여자옷>
bermuda	반바지
blusa	블라우스
calça	바지
casaco	외투
meia	양말
saia	치마
saia-calça	치마바지
short	짧은 반바지
vestido	드레스

<남자옷>

bermuda	반바지
blusão	상의
boné	앞에 챙이 있는 모자
calça	바지
camisa	셔츠
camiseta	티셔츠
chapéu	챙이 둥근 모자
short	짧은 반바지
suéter	스웨터
terno	양복
fato(포)	양복

<장식품>

bijuteria	악세사리점
anel/brinco/broche/colar	반지/귀고리/브로치/목걸이
pulseira	팔찌
bolsa	핸드백
boné	앞에 챙이 있는 모자
chapéu	챙이 둥근 모자
cinto	허리띠
gravata	넥타이

<신발>

bota	장화
chinelo	슬리퍼
galocha	고무로 만든 덧신
sandália	샌들
sapato	구두
tênis	운동화
tamanco	나막신

<거리>

rua paralela	다른 거리와 평행한 길
travessa	두개의 큰길을 잇는 길
avenida	대로
quadra/quarteirão	블럭
faixa do pedestre	횡단보도
calçada	인도
cruzamento	교차로
esquina	골목
passarela	육교
via expressa	고속도로
viaduto	고가도로

<항상 복수로 쓰이는 단어>

os afazeres	일, 업무
os arredores	주변
os óculos	안경
os pêsames	조의
belas-artes	미술
os parabéns	축하
as férias	휴가, 방학

<거주지>

casa térrea/geminada	주택 (쌍둥이 모양으로 된 집)
sobrado	이층집
condominio	콘도
apartamento	아파트
chalé	별장
mansão	대저택
cobertura	꼭대기층 집
castelo	성
casa de temporada	휴가를 보내는 집
casa de campo	전원주택

casa de praia	해변에 위치한 집	travessa	쟁반
flat/aparthotel	플랫/아파트형 호텔	sopeira/vasilha	국그릇/용기
kitnet	원룸아파트	xícara de café	커피잔
cabana	오막살이집	xícara de chá	찻잔
favela(barraco)	빈민촌(판자집, 오막살이)		

<가구>

armário	찬장, 옷장
beliche	이층침대
cadeira	의자
cama	침대
escrivaninha	책상
estante	책장, 장식장
mesa de canto	구석에 놓는 탁자
mesa de centro	중앙탁자
mesa de cabeceira (criado-mudo)	침대 머리맡 작은 책상
poltrona	안락의자
sapateira	신발장
sofa	소파

<전자제품>

aparelho de som	오디오기기
aparelho de estereio	스테레오기기
gravador	녹음기
rádio	라디오
aspirador de pó	진공청소기
batedeira	믹서
liquidificador	쥬스기
cafeteira	커피머신
televisão	텔레비전
computador	컴퓨터
ferro eletrico	전기 다리미
fogão/forno	가스렌지/오븐
geladeira/congelador	냉장고/냉동고
lavadora/secadora	세탁기/건조기

<보험>

seguro de carro	자동차보험
seguro de casa	주택보험
seguro de invalidez	장애보험
seguro de viagem	여행자보험
seguro de vida	생명보험

<수저, 접시>

bandeja	쟁반
bule	찻주전자
copo/taça	컵/잔
prato fundo	깊은 접시
prato raso	얕은 접시
prato de sobremesa	후식용 접시
pires	받침접시
talheres	식기도구
faca/colher/garfo	칼/숟가락/포크

<지형>

lagoa/lago	작은 호수/호수
mar/oceano	바다/대양
monte/montanha	작은 산/산
pântano	늪지
planalto	고원

planicie	평원	<증상>	
riacho/rio	작은 강/강	cãimbra	근육경련, 쥐
vale	계곡	coriza	급성비염
<직위>		dor de barriga	복통
monitor	모니터	dor de cabeça	두통
auxiliar de ensino	조교	dor de dente	치통
coordenador de ensino	조정관	dor de estômago	위통
docente	교원, 강사	enjôo	메스꺼움
catedrático	대학정교수	falta de ar	숨이 가쁨
professor orientador	지도교수	febre	열
mestre	석사	fobia	공포증
doutor	박사	mal estar	불안, 불쾌
		tosse	기침
<병명>		vertigem	현기증
diabete	당뇨병	<각종검사>	
hipertensão	고혈압		
obesidade	비만	exame de fezes	대변검사
pressão baixa	저혈압	exame de urina	소변검사
Sida	에이즈	mamografia	유방암검사
gripe	감기	raio X	엑스레이
diarréia	설사	sangue	피
stress	스트레스	tomografia	X선 단층촬영
		ultra-sonografia	초음파
<환자취급소>		<은행>	
ambulatório/	이동보건소/	caderneta de poupança	저축통장
consultório	진찰소	caixa eletrônico	현금입출금기
clínica	개인병원	cartão magnético	마그네틱카드
farmácia	약국	cheque	수표
hospital	종합병원	cofre	금고
posto de saúde	보건소	débito automático	자동출금
pronto socorro	응급실	depósito	입금
spa/aguas termais	스파/온천		

guichê	창구	protetor solar	선블럭
investimento	투자	saída de banho	수영복 위에 걸치는 옷
moedas	동전	toalha	수건
notas	지폐	<축구>	
retirada	출금	ataque	공격
<경제>		cartão amarelo	옐로우 카드
bolsa de valores/ações	주식시장	cartão vermelho	레드 카드
custo de vida	생활비	centro avante	중앙공격수
impostos	세금	defesa	수비
inflação	인플레이션	falta	반칙
investimentos	투자	gol	골
juros	이자	goleiro	골키퍼
<가방>		pênalti	페널티
bolsa	핸드백	<가게종류>	
carteira	지갑	butique	양장점
mala	여행가방	drogaria/farmacia	약국
maleta	작은 여행가방	loja de calçados (sapataria)	구두점
mochila	배낭		
pasta	서류가방	loja de conveniência	편의점
saco	자루, 쌕	loja de departamentos	백화점
sacola	쇼핑백	loja de eletrodomésticos	전자제품점
<해변>		loja de móveis	가구점
biquíni	비키니	papelaria	문방구
bóia	구명대	livraria	서점
bronzeador	선탠크림	padaria	빵집
cadeira de praia	해변의자	chapelaria	모자점
esteira	돗자리	peixaria	생선가게
guarda-sol	파라솔	quitanda	야채가게
isopor	스치로폼	mercearia	식료품가게
maiô	원피스형 수영복	frutaria	과일점

<회사 내 공고>

proibido correr	뛰지 마시오
proibido fumar	금연
proibido jogar lixo	휴지를 버리지 마시오
Perigo! Alta tensão	고압선 주의
área restrita	통제구역
cuidado com o fogo	불조심
cuidado com acidentes de trabalho	사고주의

<운동>

campanha	운동, 캠페인
contra o consumo de drogas	마약 퇴치를 위한
de combate a fome	기아 퇴치를 위한
de prevenção da Aids	에이즈 방지를 위한
do agasalho	숙소제공을 위한
eleitoral	선거운동
em defesa do meio ambiente	자연환경보호를 위한
em prol da infância	어린이 보호를 위한

<약어>

sr.(senhor)	...씨(남성)
sra.(senhora)	..씨(여성)
srta.(senhorita)	..씨(아가씨)
V. Sa.(Vossa Senhoria)	귀사, 귀 기관, 귀하(서한문에서 쓰는 경칭)
V. Excia.(Vossa Excelencia)	귀사, 귀 기관, 귀하(경칭)
Ilmo.(Ilustríssimo)	경애하는(경칭)
Ilma.(Ilustríssima)	경애하는(경칭)
Exmo.(Excelentíssimo)	경애하는(경칭)
Exma.(Excelentíssima)	경애하는(경칭)

<속어표현>

bate papo:	잡담하다
cair do cavalo:	크게 놀라다
cara de pau:	버릇없는 사람
dar o cano:	약속을 지키지 않다.
estar com dor de cotovelos:	시기하다. 질투하다.
ficar de cara amarrada:	찌푸린 얼굴
para chuchu: muito,	굉장히, 많이
bacana:	멋진

DATAS COMEMORATIVAS　(브라질공휴일 성일)

Ano Novo (1° de janeiro)
Carnaval
Tiradentes (21 de abril)
Dia do trabalho (1° de maio)
Dia das mães
Corpus Christi
Dia dos namorados (12 de junho)
Festas juninas
Dia dos pais
Dia da independência (7 de setembro)
N. Sra. Aparecida (12 de outubro)
Dia das crianças (12 de outubro)
Dia dos professores (15 de outubro)
Finados (2 de novembro)
Proclamação da Republica (15 de novembro)
Natal (25 de dezembro)

집수리에 관련된 표현

O marceneiro faz móveis, portas, janelas.

O eletricista conserta e instala aparelhos elétricos.

O pintor pinta paredes, muros, letreiros.

O pedreiro troca azulejos, contrói casas.

O encanador conserta vazamentos, troca canos, desentope.

A cabeleireira lava, corta e penteia cabelos.

O sapateiro conserta sapatos e artigos de couro.

O chaveiro faz chaves, coloca fechaduras.

O sorralheiro põe grades na janela, faz portões.

O frentista põe gasolina no carro, calibra pneus, lava carros.

O mestre-de-obras comanda e vigia o andamento das obras.

O mecanico conserta carros.

O borracheiro troca, conserta pneus.

O jardineiro planta flores, corta grama, cuida do jardim.

A costureira costura e conserta roupas em geral.

O tintureiro lava e passa roupas delicadas.

O decorador decora casas, salões de festas, vitrines.

전설 속 인물

Curupira: protetor dos animais selvagens

Lobisomem: meio homem, meio lobo

Iara: mulher bonita e perigosa

Saci: moleque levado

As moedas do Brasil

Desde 1831 até hoje, o Brasil já substituiu sete vezes a sua moeda: desde o Mil Réis até o Real, a nossa moeda passou por sucessivas mudancas, a fim de se adaptar á inflação que continuamente a desvalorizava.

Em 1942, o Mil Réis foi substituído pelo Cruzeiro, dando início à série de mudanças no padrão monetário segundo um padrão que se tornaria habitual: 1000 Mil Réis (um conto de Réis) valiam 1 Cruzeiro, tornando mais fácil a conversão. Como aconteceria mais tarde também, as velhas cedulas de Mil Réis continuaram circulando de início com um carimbo da Casa da Moeda indicando o seu novo valor, ate que toda a moeda circulante fosse trocada, o que demorou vários meses.

Em 1967, a segunda alteração: 1000 Cruzeiros = 1 Cruzeiro Novo. Depois disso, em rápida sucessão, o Cruzado(1986), o Cruzado Novo(1989), novamente o Cruzeiro(1990) e o Cruzeiro Real(1993), sempre mantendo a taxa de 1 para 1000 e as notas carimbadas de inicio, até a sua completa substituição pelas novas cédulas e moedas. Em 1994 foi introduzido o Real e com ele duas inovações: a taxa de conversão foi de 2.750 Cruzeiros Reais = 1 Real e, e numa operação sem precedente na história das moedas brasileiras, toda a moeda circulante foi trocada completamente em espaço de poucos dias.

Em um século e meio, sete trocas de moeda:

1 Real de hoje valeria 2.750.000.000.000.000.000.000 Mil Réis.

브라질에서 쓰는 포어는 브라질 원주민 언어인 뚜삐(tupi)어와 아프리카 노예 수입과 함께 들어온 아프리카어의 영향, 그리고 유럽인 특히 독일과 이탈리아 등지에서 온 많은 이민들이 오늘날 브라질의 포어에 많은 영향을 주어 새로운 언어가 형성되었다.

1. 인디언의 영향

원주민인 인디언들에게 교리전파를 위해서 예수회 회원들은 뚜뻬어를 배워야 했고, 또 보다 체계적으로 배우기 위해서 문법책과 사전을 만들게 되었다. 또한 그들이 세운 학교에서는 뚜뻬어를 가르쳤으며 포어와 더불어 식민자들의 후예들에게 가르쳤다. 한편, 오지로 침투해 들어간 반데이라(Bandeira)는 내륙과 해안을 연결시켰으며, 그러기 위해서 오지를 잘 아는 인디언들을 안내자로 데려갔고, 서로의 의사소통을 위해서 뚜뻬어는 반드시 필요했다. 오지개척단원들은 내륙을 개척해 들어가면서 새로운 발견지, 강, 산 그리고 그들 자신이 세운 마을에 브라질의 동식물, 새, 고기, 강, 다리, 음식, 산·도시이름 그리고 심지어는 일상용품까지 뚜뻬어 이름이 붙여지게 되었다.

18세기까지 사람 넷이 모이면 셋은 뚜뻬어로 이야기했을 정도였으나 Marquês Pombal의 뚜뻬어 사용금지와 인디언에게 포어를 가르치라는 본국에서의 칙령 때문에 포어가 필수로 쓰여지게 되었으며 계속되는 포도아인의 이민 때문에 뚜뻬어는 차츰 사라지게 되었다.

현재 브라질의 포어에는 약 만개의 뚜비어가 남아있으며, -açu, -guaçu 등의 어미와 -mirim 형용사는 뚜뻬어의 영향을 받은 것이다.

그 외에도 mesaçu(큰 책상), mijuiguaçu(큰 엉덩이), cadeira-mirim(작은 걸상), iguaçu(큰 물) 등이 있다.

또한 현재 남아 있는 뚜뻬어를 종류별로 분류하면 다음과 같다.

- 사람이름, 별명
    Araci, Cotegipe, Iracema, Jaci, Jurema, Ubirajara, Iara

- 지명
    Guanabara, Itu, Niterói, Tietê, Ubatuba, Iguaçu

- 동물이름
    araponga(앵무새의 일종), arara(앵무새), capivara(물돼지), quati(낭이산 곰), gambá(쥐의 일종), jibóia(보아뱀), sucuri(비단 구렁이), jacaré(악어의 일종), jararaca(독사), piranha(식인어), sabiá(새), tatu(아르마딜로), urubu(검은 독수리)

- 식물이름

abacaxi(파인애플), capim(풀), cipó(칡의 일종), madacaru(선인장), mandioca(고구마의 일종), taquara(대나무의 일종)

- 기타
arapuca(올가미, 덫), jacá(바구니), moguém(고기굽는 나무), caipora(귀신이름), sambanga(어리석은), guri(소년)

- 일상 용어에 쓰이는 문장
estar ou andar na pindaiba(돈이 없다), andar ao atá(할일 없이 돌아다니다), chorar pitanga(많이 달라고 조르다), estar à tocaia(망보다), cair na arataca(계략에 빠지다), ficar de bubuia(떠다니다, 표류하다).

2. 아프리카의 영향

브라질에 사탕수수 농업이 한창일 때 일손이 모자라 수입하게 된 노예는 주로 guineano-sudanês(현 Guinea와 Sudão ocidental)족과 banto(중앙아프리카)족이었고 그들이 쓰는 말은 abará, vatapá, acará와 같은 nagó ioruba(현 나이제리아)와 caçula(막내), cafune(머리긁적이기), molambo(나약한 사람), moleque(꼬마) 등과 같은 quimbundo(현 앙골라)이었는데, 전자는 Bahia에 영향을 많이 끼쳤고, 후자는 Pernambuco와 북쪽의 다른 지방, Rio, São Paulo 그리고 Minas Gerais에 영향을 끼쳤다. 그 중 quimbundo들은 사실 포어에 많은 영향을 끼쳤는데 그 이유는 그 말을 하는 노예가 많았기 때문이다. 그들은 사탕수수 농업이나 광산에 종사하면서, 음식이름, 종교의식(특히 미신적인), 악기이름 등의 일상생활에 관계된 것에 직접 또는 간접으로 많은 영향을 끼쳤다.

angu(쑤른 옥수수로 만든 죽), bangue(구식 설탕공장), banzo(향수병), batuque(손바닥을 치며 발을 구르는 춤), berimbau(악기), bugio(원숭이), cachaça(술 이름), caçula(막내), cambada(패거리), canga(멍에), candomblé(무당), canjica(옥수수죽), cochilar(졸다), dengue(졸라대기), corcunda(곱추), macumba(무당), mocotó(우족), moleque(소년), samba(춤), xingar(욕하다), zabumba(악대), zebra(얼룩말), quitanda(과일가게) 등.

- 그 외 많은 이민들로 인해 유입된 단어
soja(콩), japona(잠바의 일종으로 한국 사람이 만든 잠바를 가르키는데 일본 사람과 한국 사람의 얼굴형이 같아 일본사람이 만든 것으로 이해되어 japonês가 되었고 이것이 변하여 japona가 되었다), chau(이태리어의 헤어질 때 하는 인사), queijo de soja(두부), broto de soja(콩나물) 등.

- 원 아프리카에서 온 단어
  - 하이티: canoa(카누), cacique(추장), furacão(폭풍), tubarão(상어)
  - 중앙아메리카: bagre(피라미), tabaco(담배)
  - **mapuche**: gaúcho(목동), ponche(망또)
  - **naútle**: cacau(코코아), chocolate(쵸콜릿), galpão(헛간), tomate(토마토), abacate(과일이름), xícara(잔)
  - **quíchua**: cancha(경기장), condor(남미산 독수리), chácara(작은 농장), charque(육포), mate(차이름), pampa(초원), guano(바다새의 똥), puma(아메리카 사자), alpaca(페루산 양) 등.

3. 브라질 포어과 포르투갈어 포어는 다음과 같은 차이가 있다.

1) m이나 n 앞에 모음 a, e, o를 끝에서 세 번째 음절에 갖는 단어의 경우

   브라질에서는 반폐음, 즉, 일반적으로 비음화 된 음이며 acento circunflexo를 동 반한다:
   acadêmico, Antônio, quilômetro, abstômio, cômico.

   포르투갈은 반개음이고 acento agudo를 동반하는 경우가 있다:
   académico, António, quilómetro, abstómio, cómico.

2) m이나 n 앞에 모음 a, e, o를 두 번째 음절에 갖는 단어의 경우

   브라질에서는 반폐음, 즉, 일반적으로 비음화 된 음이며 acento circunflexo를 동 반한다:
   tênis, bônus, Vênus, fênix

   포르투갈에서는 반개음이며 acento agudo를 동반한다.
   ténis, bónus, Vénus, fénix

3) -ar형 동사의 동사 변형에서 포르투갈은 현재일 때 -amos, 과거일 때 -ámos이나 브라질에서는 현재와 과거의 형태가 똑같이 -amos이다.
   (브) cantamos(현재, 과거)
   (포) cantamos(현재), cantámos(과거)

4) -eia로 끝나는 단어들

포르투갈에서는 e에 강세가 오지 않고, 이중 모음은 항상 /aj/로 발음한다.

    assembleia, ideia, feia, meia

브라질에서는 두 가지 경우가 있었는데 첫 번째는 모음이 반개음이고 acento agudo를 갖는 경우였으나, 최근의 철자법 개정안으로 assembléia, idéia, hebréia, jibóia가 ideia, jiboia 등으로 바뀌었고, 모음이 반폐음이고 강세를 갖지 않는 경우는 예전과 같이 feia, meia, passeia로 표기한다.

5) -oo로 끝나는 단어들

포르투갈에서는 강세를 표시하지 않는다.

    voo, enjoo

브라질에서는 최근까지 첫 번째 o에 acento circunflexo를 표시하였지만, 철자법 개정안으로 vôo, enjôo가 voo, enjoo로 바뀌었다.

6) 기타 단어들에서의 철자법의 차이

브라질	포르투갈
ato	acto
ação	acção
conosco	comnosco
quatorze	catorze
dezesseis	dezasseis

7) 동명사의 차이

브라질은 estar + -ando, -endo, -indo를 쓰는 반면 포르투갈에서는 estar a + 동사원형을 쓴다.
    (브) Ele está escrevendo uma carta.
    (포) Ele está a escrever uma carta

8) ter와 haver 동사

브라질에서는 ter, 포르투갈에서는 haver 동사를 많이 쓴다.

　　(브) Hoje tem uma festa em casa de Pedro.
　　(포) Hoje há uma festa em casa de Pedro.

9) 전치사 사용

브라질에서는 a 대신에 em을 쓴다.

　　(브) O João está na janela.
　　(포) O João está à janela.

10) 기타

▷ 브라질에서는 moço(젊은이), moça가 많이 쓰이지만 포르투갈에서는 rapaz, rapariga를 쓴다. 그러나 브라질에서의 rapariga는 puta의 뜻이므로 아주 주의해야 한다.

▷ 브라질에서는 ele, ela, você를 직접목적격으로 쓰기도 한다. 반면 포르투갈에서는 o, a를 주로 쓴다.

　　(브) Encontrei ela.
　　(포) Encontrei-a.

▷ 소유격에서 브라질 포어는 빈번히 정관사 없이 쓴다.

　　(브) meu pai, minha casa, meu carro.
　　(포) o meu pai, a minha casa, o meu carro.

▷ 목적격의 위치

　　(브) João se levanta cedo.
　　(포) João levantou-se cedo.

▷ 같은 뜻의 다른 단어들

브라질(의미)	포르투갈	브라질(의미)	포르투갈
trem: 기차	comboio	regime: 식이요법	dieta
ônibus: 버스	autocarro	creditos: 학점	cadeiras
bonde: 전차	eléctrico	toca disco: 카세트	gira-disco
aeromoça: 스튜어디스	hospedeira	hora de rush: 러시아워	hora de pronta
espátula: 종이칼	corta-papel	calchinha: 여자 속옷	cueca
terno: 양복	fato	menino: 남자아이	miúdo
meia: 6	seis	auto-escola: 자동차 학원	escola de condução
bala: 사탕	rebucado	suco: 쥬스	sumo
cadê: 어디에	onde está	cardápio: 메뉴	ementa
bilheteria: 표판매소	bilheteira	verossímil: 진짜같은	verosímil
açougue: 정육점	talho	louco: 미친	maluco
confeitaria: 빵집	pastelaria	resfriado: 감기든	constipado
delegacia: 경찰서	esquadra	proibido: 금지된	interdito
sorvete: 얼음과자	gelado	quebrado: 부서진	avariado
meias: 양말	piugas	pouco: 아주 적은	bocado
vitrine: 진열장	montra	vem cá: 이리와라	anda cá
fiscal: 검사소	revisor	por/botar: 따르다	deitar
necrotério: 시체보관소	morgue	tornar-se: 변하다	virar
tamancos: 나막신	sócos	falar que: 말하다	dizer que
goleiro: 골키퍼	guarda-redes	chutar: 차다	rematar
fumo: 담배	tabaco	dirigir: 운전하다	conduzir
faxineira: 파출부	mulher a dias	reprovar: 낙제하다	chumbar
zelador: 수위	porteiro	tomar: 잡다	apanhar
andar térreo: 1층	rés do chão	decolar: 이륙하다	aterrar
caçula: 막내	benjamin	quebrar: 부수다	avariar
palito: 젓가락	pauzinho	entender: 이해하다	perceber
bolsista: 장학생	bolseiro	cair: 넘어지다	dar um malho
picolé: 얼음과자	gelado	aposentado: 은퇴한	reformado

동사변화표

⟨규칙 동사⟩

법	직 설 법					
	현재	전과거	반과거	단순대과거	미래	과거미래
falar (말하다)	falo falas fala falamos falam	falei falaste falou falámos falaram	falava falavas falava falávamos falavam	falara falaras falara faláramos falaram	falarei falarás falará falaremos falarão	falaria falaria falaria falaríamos falariam
beber (마시다)	bebo bebes bebe bebemos bebem	bebi bebeste bebeu bebemos beberam	bebia bebias bebia bebíamos bebiam	bebera beberas bebera bebéramos beberam	beberei beberás beberá beberemos beberão	beberia beberias beberia beberíamos beberiam
partir (떠나다)	parto partes parte partimos partem	parti partiste partiu partimos partiram	partia partias partia partíamos partiam	partira partiras partira partíramos partiram	partirei partirás partirá partiremos partirão	partiria partirias partiria partiríamos partiriam

접 속 법			명 령 법	부 정 법	
현재	과거	미래	명령법	인칭부정사	과거분사
fale fales fale falemos falem	falasse falasses falasse falássemos falassem	falar falares falar falarmos falarem	(fales) fala fale falemos falem	falar falares falar falarmos falarem	falado
beba bebas beba bebamos bebam	bebesse bebesses bebesse bebéssemos bebessem	beber beberes beber bebermos beberem	(bebas) bebe beba bebamos bebam	beber beberes beber bebermos beberem	bebido
parta partas parta partamos partam	partisse partisses partisse partíssemos partissem	partir partires partir partirmos partirem	(partas) parte parta partamos partam	partir partires partir partirmos partirem	partido

○ 명령형 1인칭 단수 난에는 부정문에서 사용하는 직설법 2인칭 단수를 기입했음.

〈불규칙 동사〉

법	직 설 법					
	현재	전과거	반과거	단순대과거	미래	과거미래
acudir (구조하다)	acudo acodes acode acudimos acodem	acudi acudiste acudiu acudimos acudiram	acudia acudias acudia acudíamos acudiam	acudira acudiras acudira acudíramos acudiram	acudirei acudirás acudirá acudiremos acudirão	acudiria acudirias acudiria acudiríamos acudiriam
agredir (공격하다)	agrido agredes agrede agredimos agredem	agredi agrediste agrediu agredimos agrediram	agredia agredias agredia agredíamos agrediam	agredira agrediras agredira agrdíramos agrdiram	agredirei agredirás agredirá agrediremos agredirão	agrediria agredirias agrediria agrediríamos agrediriam
atrair (매혹하다)	atraio atrais atrai atraímos atraem	atraí atraíste atraiu atraímos atraíram	atraía atraías atraía atraíamos atraíam	atraíra atraíras atraíra atraíramos atraíram	atrairei atrairás atrairá atrairemos atrairão	atrairia atrairias atrairia atrairíamos atrsiriam
caber (포함하다)	caibo cabes cabe cabemos cabem	coube coubeste coube coubemos couberam	cabia cabias cabia cabíamos cabiam	coubera couberas coubera coubéramos couberam	caberei caberás caberá caberemos caberão	caberia caberias caberia caberíamos caberiam
cair (떨어지다)	caio cais cai caímos caem	caí caíste caiu caímos caíram	caía caías caía caíamos caíam	caíra caíras caíra caíramos caíram	cairei cairás cairá cairemos cairão	cairia cairias cairia cairíamos cairiam
cobrir (덮다)	cubro cobres cobre cobrimos cobrem	cobri cobriste cobriu cobrimos cobriram	cobria cobrias cobria cobríamos cobriam	cobrira cobriras cobrira cobríramos cobriram	cobrirei cobrirás cobrirá cobriremos cobrirão	cobriria cobririas cobriria cobriríamos cobririam

접속법			명령법	부정법	
현재	과거	미래	명령법	인칭부정사	과거분사
acuda acudas acuda acudamos acudam	acudisse acudisses acudisse acudíssemos acudissem	acudir acudires acudir acudirmos acudirem	(acudas) acode acuda acudamos acudam	acudir acudires acudir acudirmos acudirem	acudido
agrida agridas agrida agridamos agridam	agredisse agredisses agredisse agredíssemos agredissem	agredir agredires agredir agredirmos agredirem	(agridas) agrede agrida agridamos agridam	agredir agredires agredir agredirmos agredirem	agredido
atraia atraias atraia atraiamos atraiam	atraísse atraísses atraísse atraíssemos atraíssem	atrair atraires atrair atrairmos atrairem	(atraias) atrai atraia atraiamos atraiam	atrair atraires atrair atrairmos atrairem	atraído
caiba caibas caiba caibamos caibam	coubesse coubesses coubesse coubéssemos coubessem	couber couberes couber coubermos couberem	(caibas) cabe caiba caibamos caibam	caber caberes caber cabermos caberem	cabido
caia caias caia caiamos caiam	caísse caísses caísse caíssemos caíssem	cair caires cair cairmos cairem	(caias) cai caia caiamos caiam	cair caires cair cairmos cairem	caido
cubra cubras cubra cubramos cubram	cobrisse cobrisses cobrisse cobríssemos cobrissem	cobrir cobrires cobrir cobrirmos cobrirem	(cubras) cobre cubra cubramos cubram	cobrir cobrires cobrir cobrirmos cobrirem	coberto

○ 명령형 1인칭 단수 난에는 부정문에서 사용하는 직설법 2인칭 단수를 기입했음.

법	직 설 법					
	현재	전과거	반과거	단순대과거	미래	과거미래
conseguir (달성하다)	consigo consegues consegue conseguimos conseguem	consegui conseguiste conseguiu conseguimos conseguiram	conseguia conseguias conseguia conseguíamos conseguiam	conseguira conseguiras conseguira conseguíramos conseguiram	conseguirei conseguirás conseguirá conseguiremos conseguirão	conseguiria conseguirias conseguiria conseguiríamos conseguiriam
consentir (동의하다)	consinto consentes consente consentimos consentem	consenti consentiste consentiu consentimos consentiram	consentia consentias consentia consentíamos consentiam	consentira consentiras consentira consentíramos consentiram	consentirei consentirás consentirá consentiremos consentirão	consentiria consentirias consentiria consentiríamos consentiriam
crer (믿다)	creio crês crê cremos crêem	cri creste creu cremos creram	cria crias cria críamos criam	crera creras crera créramos creram	crerei crerás crerá creremos crerão	creria crerias creria creríamos creriam
dar (주다)	dou dás dá damos dão	dei deste deu demos deram	dava davas dava dávamos davam	dera deras dera déramos deram	darei darás dará daremos darão	daria darias daria daríamos dariam
descobrir (발견하다)	descubro descobres descobre descobrimos descobrem	descobri descobriste descobriu descobrimos descobriram	descobria descobrias descobria descobríamos descobriam	descobrira descobriras descobrira descobríramos descobriram	descobrirei descobrirás descobrirá descobriremos descobrirão	descobriria descobririas descobriria descobriríamos descobririam
despir (벗다)	dispo despes despe despimos despem	despi despiste despiu despimos despiram	despia despias despia despíamos despiam	despira despiras despira despíramos despiram	despirei despirás despirá despiremos despirão	despiria despirias despiria despiríamos despiriam

접속법			명령법	부정법	
현재	과거	미래	명령법	인칭부정사	과거분사
consiga consigas consiga consigamos consigam	conseguisse conseguisses conseguisse conseguíssemos conseguissem	conseguir conseguires conseguir conseguirmos conseguirem	(consigas) consegue consiga consigamos consigam	conseguir conseguires conseguir conseguirmos conseguirem	conseguido
consinta consintas consinta consintamos consintam	consentisse consentisses consentisse consentíssemos consentissem	consentir consentires consentir consentirmos consentirem	(consintas) consente consinta consintamos consintam	consentir consentires consentir consentirmos consentirem	consentido
creia creias creia creiamos creiam	cresse cresses cresse créssemos cressem	crer creres crer crermos crerem	(creias) crê creia creiamos creiam	crer creres crer crermos crerem	crido
dê dês dê demos dêem	desse desses desse déssemos dessem	der deres der dermos derem	(dês) dá dê demos dêem	dar dares dar darmos darem	dado
descubra descubras descubra descubramos descubram	descobrisse descobrisses descobrisse descobríssemos descobrissem	descobrir descobrires descobrir descobrirmos descobrirem	(descubras) descobre descubra descubramos descubram	descobrir decobrires descobrir decobrirmos descobrirem	descoberto
dispa dispas dispa dispamos dispam	despisse despisses despisse despíssemos despissem	despir despires despir despirmos despirem	(dispas) despe dispa dispamos dispam	despir despires despir despirmos despirem	despido

◐ 명령형 1인칭 단수 난에는 부정문에서 사용하는 직설법 2인칭 단수를 기입했음.

법	직 설 법					
	현재	전과거	반과거	단순대과거	미래	과거미래
dispor (준비하다)	disponho dispões dispõe dispomos dispõem	dispus dispuseste dispôs dispusemos dispuseram	dispunha dispunhas dispunha dispúnhamos dispunham	dispusera dispuseras dispusera dispuséramos dispuseram	disporei disporás disporá disporemos disporão	disporia disporias disporia disporíamos disporiam
divertir (즐기다)	divirto divertes diverte divertimos divertem	diverti divertiste divertiu divertimos divertiram	divertia divertias divertia divertíamos divertiam	divertira divertiras divertira divertíramos divertiram	divertirei divertirás divertirá divertiremos divertirão	divertiria divertirias divertiria divertiríamos divertiriam
dizer (말하다)	digo dizes diz dizemos dizem	disse disseste disse dissemos disseram	dizia dizias dizia dizíamos diziam	dissera disseras dissera disséramos disseram	direi dirás dirá diremos dirão	diria dirias diria diríamos diriam
dormir (자다)	durmo dormes dorme dormimos dormem	dormi dormiste dormiu dormimos dormiram	dormia dormias dormia dormíamos dormiam	dormira dormiras dormira dormíramos dormiram	dormirei dormirás dormirá dormiremos dormirão	dormiria dormirias dormiria dormiríamos dormiriam
estar (~있다)	estou estás está estamos estão	estive estiveste esteve estivemos estiveram	estava estavas estava estávamos estavam	estivera estiveras estivera estivéramos estiveram	estarei estarás estará estaremos estarão	estaria estarias estaria estaríamos estariam
fazer (만들다)	faço fazes faz fazemos fazem	fiz fizeste fez fizemos fizeram	fazia fazias fazia fazíamos faziam	fizera fizeras fizera fizéramos fizeram	farei farás fará faremos farão	faria farias faria faríamos fariam

접속법			명령법	부정법	
현재	과거	미래	명령법	인칭부정사	과거분사
disponha disponhas disponha disponhamos disponham	dispusesse dispusesses dispusesse dispuséssemos dispusessem	dispuser dispuseres dispuser dispusermos dispuserem	(disponhas) dispõe disponha disponhamos disponham	dispor dispores dispor dispormos disporem	disposto
divirta divirtas divirta divirtamos divirtam	divertisse divertisses divertisse divertíssemos divertissem	divertir divertires divertir divertirmos divertirem	(divirtas) diverte divirta divirtamos divirtam	divertir divertires divertir divertirmos divertirem	divertido
diga digas diga digamos digam	dissesse dissesses dissesse disséssemos dissessem	disser disseres disser dissermos disserem	(digas) dize(diz) diga digamos digam	dizer dizeres dizer dizermos dizerem	dito
durma durmas durma durmamos durmam	dormisse dormisses dormisse dormíssemos dormissem	dormir dormires dormir dormirmos dormirem	(durmas) dorme durma durmamos durmam	dormir dormires dormir dormirmos dormirem	dormido
esteja estejas esteja estejamos estejam	estivesse estivesses estivesse estivéssemos estivessem	estiver estiveres estiver estivermos estiverem	(estejas) está esteja estejamos estejam	estar estares estar estarmos estarem	estado
faça faças faça façamos façam	fizesse fizesses fizesse fizéssemos fizessem	fizer fizeres fizer fizermos fizerem	(faças) faze(faz) faça façamos façam	fazer fazeres fazer fazermos fazerem	feito

① 명령형 1인칭 단수 난에는 부정문에서 사용하는 직설법 2인칭 단수를 기입했음.
② "dizer, fazer" 동사의 2인칭 명령형은 "dize, faze"(B)와, "diz, faz"(P)를 사용한다.

법	직 설 법					
	현 재	전과거	반과거	단순대과거	미 래	과거미래
haver (~있다)	hei hás há havemos hão	houve houveste houve houvemos houveram	havia havias havia havíamos haviam	houvera houveras houvera houvéramos houveram	haverei haverás haverá haveremos haverão	haveria haverias haveria haveríamos haveriam
ir (가다)	vou vais vai vamos vão	fui foste foi fomos foram	ia ias ia íamos iam	fôra foras fôra fôramos foram	irei irás irá iremos irão	iria irias iria iríamos iriam
ler (읽다)	leio lês lê lemos lêem	li leste leu lemos leram	lia lias lia líamos liam	lera leras lera léramos leram	lerei lerás lerá leremos lerão	leria lerias leria leríamos leriam
medir (측량하다)	meço medes mede medimos medem	medi mediste mediu medimos mediram	media medias media medíamos mediam	medira mediras medira medíramos mediram	medirei medirás medirá mediremos medirão	mediria medirias mediria mediríamos mediriam
mentir (거짓말하다)	minto mentes mente mentimos mentem	menti mentiste mentiu mentimos mentiram	mentia mentias mentia mentíamos mentiam	mentira mentiras mentira mentíramos mentiram	mentirei mentirás mentirá mentiremos mentirão	mentiria mentirias mentiria mentiríamos mentiriam
ouvir (듣다)	ouço(oiço) ouves ouve ouvimos ouvem	ouvi ouviste ouviu ouvimos ouviram	ouvia ouvias ouvia ouvíamos ouviam	ouvira ouviras ouvira ouvíramos ouviram	ouvirei ouvirás ouvirá ouviremos ouvirão	ouviria ouvirias ouviria ouviríamos ouviriam

○ "ouvir" 동사의 직설법 현재형은 ouço(B)와, oiço(P)를 사용한다.

접 속 · 법			명 령 법	부 정 법	
현 재	과 거	미 래	명 령 법	인칭부정사	과거분사
haja	houvesse	houver	(hajas)	haver	
hajas	houvesses	houveres	há	haveres	
haja	houvesse	houver	haja	haver	havido
hajamos	houvéssemos	houvermos	hajamos	havermos	
hajam	houvessem	houverem	hajam	haverem	
vá	fôsse	for	(vás)	ir	
vás	fôsses	fores	vai	ires	
vá	fôsse	for	vá	ir	ido
vamos	fôssemos	formos	vamos	irmos	
vão	fôssem	forem	vão	irem	
leia	lesse	ler	(leias)	ler	
leias	lesses	leres	lê	leres	
leia	lesse	ler	leia	ler	lido
leiamos	lêssemos	lermos	leiamos	lermos	
leiam	lessem	lerem	leiam	lerem	
meça	medisse	medir	(meças)	medir	
meças	medisses	medires	mede	medires	
meça	medisse	medir	meça	medir	medido
meçamos	medíssemos	medirmos	meçamos	medirmos	
meçam	medissem	medirem	meçam	medirem	
minta	mentisse	mentir	(mintas)	mentir	
mintas	mentisses	mentires	mente	mentires	
minta	mentisse	mentir	minta	mentir	mentido
mintamos	mentíssemos	mentirmos	mintamos	mentirmos	
minta	mentissem	mentirem	mintam	mentirem	
ouça(oiça)	ouvisse	ouvir	(ouças)	ouvir	
ouças	ouvisses	ouvires	ouve	ouvires	
ouça	ouvisse	ouvir	ouça	ouvir	ouvido
ouçamos	ouvíssemos	ouvirmos	ouçamos	ouvirmos	
ouçam	ouvissem	ouvirem	ouçam	ouvirem	

○ ① 명령형 1인칭 단수 난에는 부정문에서 사용하는 직설법 2인칭 단수를 기입했음.
② "ouvir" 동사의 접속법 현재형은 "ouça, ouças, ouça, ouçamos, ouçam" (B)와, "oiça, oiças, oiça, oiçamos, oiçam" (P)를 사용한다.

법	직 설 법					
	현재	전과거	반과거	단순대과거	미래	과거미래
pedir (요구하다)	peço pedes pede pedimos pedem	pedi pediste pediu pedimos pediram	pedia pedias pedia pedíamos pediam	pedira pediras pedira pedíramos pediram	pedirei pedirás pedirá pediremos pedirão	pediria pedirias pediria pediríamos pediriam
perder (잃다)	perco perdes perde perdemos perdem	perdi perdeste perdeu perdemos perderam	perdia perdias perdia perdíamos perdiam	perdera perderas perdera perdéramos perderam	perderei perderás perderá perderemos perderão	perderia perderias perderia perderíamos perderiam
poder (할수 있다)	posso podes pode podemos podem	pude pudeste pôde pudemos puderam	podia podias podia podíamos podiam	podera poderas podera podéramos poderam	poderei poderás poderá poderemos poderão	poderia poderias poderia poderíamos poderiam
pôr (놓다)	ponho pões põe pomos põem	pus puseste pôs pusemos puseram	punha punhas punha púnhamos punham	pusera puseras pusera puséramos puseram	porei porás porá poremos porão	poria porias poria poríamos poriam
preferir (~을 더 좋아하다)	prefiro preferes perfere preferimos preferem	preferi preferiste preferiu preferimos preferiram	preferia preferias preferia preferíamos preferiam	preferira preferiras preferira preferíramos preferiram	preferirei preferirás preferirá preferiremos preferirão	preferiria preferirias preferiria prefeririamos preferiram
propor (제안하다)	proponho propões propõe propomos propõem	propus propuseste propôs propusemos propuseram	propunha propunhas propunha propúnhamos propunham	propusera propuseras propusera propuséramos propuseram	proporei proporás proporá proporemos proporão	proporia proporias proporia proporíamos proporiam

접 속 법			명 령 법	부 정 법	
현 재	과 거	미 래	명령법	인칭부정사	과거분사
peça peças peça peçamos peçam	pedisse pedisses pedisse pedíssemos pedissem	pedir pedires pedir pedirmos pedirem	(peças) pede peça peçamos peçam	pedir pedires pedir pedirmos pedirem	pedido
perca percas perca percamos percam	perdisse perdisses perdisse perdíssemos perdissem	perder perderes perder perdermos perderem	(percas) perde perca percamos percam	perder perderes perder perdermos perderem	perdido
possa possas possa possamos possam	pudesse pudesses pudesse pudéssemos pudessem	puder puderes puder pudermos puderem	(possas) pode possa possamos possam	poder poderes poder podermos poderem	podido
ponha ponhas ponha ponhamos ponham	pusesse pusesses pusesse puséssemos pusessem	puser puseres puser pusermos puserem	(ponhas) põe ponha ponhamos ponham	pôr pores pôr pormos porem	posto
prefira prefiras prefira prefiramos prefiram	preferisse preferisses preferisse preferíssemos preferissem	preferir preferires preferir preferirmos preferirem	(prefiras) prefere prefira prefiramos prefiram	preferir preferires preferir preferirmos preferirem	preferido
proponha proponhas proponha proponhamos proponham	propusesse propusesses propusesse propuséssemos propusessem	propuser propuseres propuser propusermos propuserem	(proponhas) propõe proponha proponhamos proponham	propor propores propor propormos proporem	proposto

◐ 명령형 1인칭 단수 난에는 부정문에서 사용하는 직설법 2인칭 단수를 기입했음.

법	직 설 법					
	현 재	전과거	반과거	단순대과거	미 래	과거미래
querer (원하다)	quero queres quer queremos querem	quis quiseste quis quisemos quiseram	queria querias queria queríamos queriam	quisera quiseras quisera quiséramos quiseram	quererei quererás quererá quereremos quererão	quereria quererias quereria quereríamos quereriam
rir (웃다)	rio ris ri rimos riem	ri riste riu rimos riram	ria rias ria ríamos riam	rira riras rira ríramos riram	rirei rirás rirá riremos rirão	riria ririas riria riríamos ririam
saber (알다)	sei sabes sabe sabemos sabem	soube soubeste soube soubemos souberam	sabia sabias sabia sabíamos sabiam	soubera souberas soubera soubéramos souberam	saberei saberás saberá saberemos saberão	saberia saberias saberia saberíamos saberiam
sacudir (흔들다)	sacudo sacodes sacode sacudimos sacodem	sacudi sacudiste sacudiu sacudimos sacudiram	sacudia sacudias sacudia sacudíamos sacudiam	sacudira sacudiras sacudira sacudíramos sacudiram	sacudirei sacudirás sacudirá sacudiremos sacudirão	sacudiria sacudirias sacudiria sacudiríamos sacudiriam
sair (나가다)	saio sais sai saímos saem	saí saíste saiu saímos saíram	saía saías saía saíamos saíam	saíra saíras saíra saíramos saíram	sairei sairás sairá sairemos sairão	sairia sairias sairia sairíamos sairíam
seguir (따르다)	sigo segues segue seguimos seguem	segui seguiste seguiu seguimos seguiram	seguia seguias seguia seguíamos seguiam	seguira seguiras seguira seguíramos seguiram	seguirei seguirás seguirá seguiremos seguirão	seguiria seguirias seguiria seguiríamos seguiriam

접속법			명령법	부정법	
현재	과거	미래	명령법	인칭부정사	과거분사
queira queiras queira queiramos queiram	quisesse quisesses quisesse quiséssemos quisessem	quiser quiseres quiser quisermos quiserem	(queiras) quer(e) queira queiramos queiram	querer quereres querer querermos quererem	querido
ria rias ria riamos riam	risse risses risse ríssemos rissem	rir rires rir rirmos rirem	(rias) ri ria riamos riam	rir rires rir rirmos rirem	rido
saiba saibas saiba saibamos saibam	soubesse soubesses soubesse soubéssemos soubessem	souber souberes souber soubermos souberem	(saibas) sabe saiba saibamos saibam	saber saberes saber sabermos saberem	sabido
sacuda sacudas sacuda sacudamos sacudam	sacudisse sacudisses sucudisse sacudíssemos sacudissem	sacudir sacudires sacudir sacudirmos sacudirem	(sacudas) sacode sacuda sacudamos sacudam	sacudir sacudires sacudir sacudirmos sacudirem	sacudido
saia saias saia saiamos saiam	saísse saísses saísse saíssemos saíssem	sair saires sair sairmos sairem	(saias) sai saia saiamos saiam	sair saires sair sairmos sairem	saído
siga sigas siga sigamos sigam	seguisse seguisses seguisse seguíssemos seguissem	seguir seguires seguir seguirmos seguirem	(sigas) segue siga sigamos sigam	seguir seguires seguir seguirmos seguirem	seguido

○ ① 명령형 1인칭 단수 난에는 부정문에서 사용하는 직설법 2인칭 단수를 기입했음.
　② querer동사의 2인칭 단수 명령형은 quere(B)와, quer(P)를 사용한다.

법	직 설 법					
	현재	전과거	반과거	단순대과거	미래	과거미래
sentir (느끼다)	sinto sentes sente sentimos sentem	senti sentiste sentiu sentimos sentiram	sentia sentias sentia sentíamos sentiam	sentira sentiras sentira sentíramos sentiram	sentirei sentirás sentirá sentiremos sentirão	sentiria sentirias sentiria sentiríamos sentiriam
ser (~이다)	sou és é somos são	fui foste foi fomos foram	era eras era éramos eram	fôra foras fôra fôramos foram	serei serás será seremos serão	seria serias seria seríamos seriam
servir (봉사하다)	sirvo serves serve servimos servem	servi serviste serviu servimos serviram	servia servias servia servíamos serviam	servira serviras servira servíramos serviram	servirei servirás servirá serviremos servirão	serviria servirias serviria serviríamos serviriam
sorrir (미소짓다)	sorrio sorris sorri sorrimos sorriem	sorri sorriste sorriu sorrimos sorriram	sorria sorrias sorria sorríamos sorriam	sorrira sorriras sorrira sorríramos sorriram	sorrirei sorrirás sorrirá sorriremos sorirão	sorriria sorririas sorriria sorriríamos sorririam
subir (오르다)	subo sobes sobe subimos sobem	subi subiste subiu subimos subiram	subia subias subia subíamos subiam	subira subiras subira subíramos subiram	subirei subirás subirá subiremos subirão	subiria subirias subiria subiríamos subiriam
ter (가지다)	tenho tens tem temos têm	tive tiveste teve tivemos tiveram	tinha tinhas tinha tínhamos tinham	tivera tiveras tivera tivéramos tiveram	terei terás terá teremos terão	teria terias teria teríamos teriam

접속법			명령법	부정법	
현재	과거	미래	명령법	인칭부정사	과거분사
sinta sintas sinta sintamos sintam	sentisse sentisses sentisse sentíssemos sentissem	sentir sentires sentir sentirmos sentirem	(sintas) sente sinta sintamos sintam	sentir sentires sentir sentirmos sentirem	sentido
seja sejas seja sejamos sejam	fôsse fôsses fôsse fôssemos fôssem	for fores for formos forem	(sejas) sê seja sejamos sejam	ser seres ser sermos serem	sido
sirva sirvas sirva sirvamos sirvam	servisse servisses servisse servíssemos servissem	servir servires servir servirmos servirem	(sirvas) serve sirva sirvamos sirvam	servir servires servir servirmos servirem	servido
sorria sorrias sorria sorriamos sorriam	sorrisse sorrisses sorrisse sorríssemos sorrissem	sorrir sorrires sorrir sorrirmos sorrirem	(sorrias) sorri sorria sorriamos sorriam	sorrir sorrires sorrir sorrirmos sorrirem	sorrido
suba subas suba subamos subam	subisse subisses subisse subíssemos subissem	subir subires subir subirmos subirem	(subas) sobe suba subamos subam	subir subires subir subirmos subirem	subido
tenha tenhas tenha tenhamos tenham	tivesse tivesses tivesse tivéssemos tivessem	tiver tiveres tiver tivermos tiverem	(tenhas) tem tenha tenhamos tenham	ter teres ter termos terem	tido

○ 명령형 1인칭 단수 난에는 부정문에서 사용하는 직설법 2인칭 단수를 기입했음.

법	직 설 법					
	현재	전과거	반과거	단순대과거	미래	과거미래
tossir (기침하다)	tusso tosses tosse tossimos tossem	tossi tossiste tossiu tossimos tossiram	tossia tossias tossia tossíamos tossiam	tossira tossiras tossira tossíramos tossiram	tossirei tossirás tossirá tossiremos tossirão	tossiria tossirias tossiria tossiríamos tossiriam
trazer (가져오다)	trago trazes traz trazemos trazem	trouxe trouxeste trouxe trouxemos trouxeram	trazia trazias trazia trazíamos traziam	trouxera trouxeras trouxera trouxéramos trouxeram	trarei trarás trará traremos trarão	traria trarias traria traríamos trariam
valer (가치있다)	valho vales vale valemos valem	vali valeste valeu valemos valeram	valia valias valia valíamos valiam	valera valeras valera valéramos valeram	valerei valerás valerá valeremos valerão	valeria valerias valeria valeríamos valeriam
ver (보다)	vejo vês vê vemos vêem	vi viste viu vimos viram	via vias via víamos viam	vira viras vira víramos vira	verei verás verá veremos verão	veria verias veria veríamos veriam
vestir (옷을 입다)	visto vestes veste vestimos vestem	vesti vestiste vestiu vestimos vestiram	vestia vestias vestia vestíamos vestiam	vestira vestiras vestira vestíramos vestiram	vestirei vestirás vestirá vestiremos vestirão	vestiria vestirias vestiria vestiríamos vestiriam
vir (오다)	venho vens vem vimos vêm	vim vieste veio viemos vieram	vinha vinhas vinha vínhamos vinham	viera vieras viera viéramos vieram	virei virás virá viremos virão	viria virias viria viríamos viriam

접속법			명령법	부정법	
현재	과거	미래	명령법	인칭부정사	과거분사
tussa tussas tussa tussamos tussam	tossisse tossisses tossisse tosssemos tossissem	tossir tossires tossir tossirmos tossirem	(tussas) tosse tussa tussamos tussam	tossir tossires tossir tossirmos tossirem	tossido
traga tragas traga tragamos tragam	trouxesse trouxesses trouxesse trouxéssemos trouxessem	trouxer trouxeres trouxer trouxermos trouxerem	(tragas) traz(e) traga tragamos tragam	trazer trazeres trazer trazermos trazerem	trazido
valha valhas valha valhamos valham	valesse valesses valesse valéssemos valessem	valer valeres valer valermos valerem	(valhas) vale valha valhamos valham	valer valeres valer valermos valerem	valido
veja vejas veja vejamos vejam	visse visses visse víssemos vissem	vir vires vir virmos virem	(vejas) vê veja vejamos vejam	ver veres ver vermos verem	visto
vista vistas vista vistamos vistam	vestisse vestisses vestisse vestíssemos vestissem	vestir vestires vestir vestirmos vestirem	(vistas) veste vista vistamos vistam	vestir vestires vestir vestirmos vestirem	vestido
venha venhas venha venhamos venham	viesse viesses viesse viéssemos viessem	vier vieres vier viermos vierem	(venhas) vem venha venhamos venham	vir vires vir virmos virem	vindo

○ ① 명령형 1인칭 단수 난에는 부정문에서 사용하는 직설법 2인칭 단수를 기입했음.
　② trazer동사의 2인칭 단수 명령형은 traze(B)와, traz(P)를 사용한다.

문예림 출판사 도서목록

NO	도 서 명	지은이
1	4주완성 독학 영어 첫걸음	박명석
2	4주완성 독학 일본어 첫걸음	외국어학보급회
3	4주완성 독학 중국어 첫걸음	지영재
4	4주완성 독학 스페인어 첫걸음	장선영
5	4주완성 독학 러시아어 첫걸음	박문식,최덕근
6	지구촌 영어 첫걸음	박명석
7	지구촌 독일어 첫걸음	김광요
8	지구촌 이태리어 첫걸음	허인
9	한국인을 위한 러시아어 첫걸음	강홍주
10	영어회화 고민 이제 끝냅시다! (1)	외국어학보급회
11	영어회화 고민 이제 끝냅시다! (2)	외국어학보급회
12	아낌없이 주는 영어	김용권
13	비즈니스 영어	김광훈
14	입에 술술 붙는 영단어	외국어학보급회
15	헷갈리는 영어 잡아먹기	류진식
16	톡톡튀는 신세대 영어 표현	문창호
17	패턴의 원리를 알면 영어가 보인다	Mark Wenzel
18	실용해외 여행 영어 회화	외국어학보급회
19	간편한 여행 영어 회화	외국어학보급회
20	여행자를 위한 지구촌 영어 회화	외국어학보급회
21	실용 일본어 회화	외국어학보급회
22	실용 중국어 회화	지영재
23	실용 독일어 회화	김광요
24	실용 서반어 회화	장선영
25	실용 아랍어 회화	오명근
26	여행필수 프랑스어 회화	이휘영
27	여행필수 독일어 회화	서석연
28	여행필수 이탈리아어 회화	허인
29	여행필수 러시아어 회화	박문신,최덕근

문예림 출판사 도서목록

NO	도 서 명	지은이
30	여행필수 베트남어 회화	김기태
31	여행필수 태국어 회화	이한우
32	여행필수 말레이·인도네시아어 회화	김영수
33	여행필수 중국어 회화	김신홍
34	여행필수 포루투갈어 회화	외국어학보급회
35	여행필수 네덜란드어 회화	김영중
36	여행필수 터키어 회화	김대성
37	6개국어 회화	외국어학보급회
38	4개국어 회화	외국어학보급회
39	배낭 일본어	서우석
40	배낭 유럽어	서우석
41	배낭 독일어	서우석
42	1000만인 관광 영어 회화	이정현
43	1000만인 관광 일본어 회화	이윤근
44	영문 편지 쓰는 법	이정현
45	프랑스어 편지 쓰기	조향덕
46	독일어 편지 쓰기	서석연
47	영어대조 중국어 회화	노농선
48	영어대조 프랑스어 회화	이휘영
49	영어대조 독일어 회화	김광요
50	영어대조 스페인어 회화	장선영
51	영어대조 러시아어 회화	전혜진
52	영어대조 태국어 회화	이한우
53	영어대조 이탈리아어 회화	허인
54	일본어 단어장	외국어학보급회
55	독일어 무역 통신문	박진권
56	최신 독일어	안사균
57	독일어 문법과 연습	김경찬, 서우석
58	노래로 배우는 독일어	정경량

문예림 출판사 도서목록

NO	도 서 명	지은이
59	표준 러시아어	이철
60	표준 러시아어 회화	강홍주
61	노브이 러시아어	김윤덕
62	영어도 함께 공부하는 최신 러시아어 문법	박진근
63	최신 중국어법 노트	김태성
64	Speaking Korean (46판)	외국어학보급회
65	Speaking Korean (포켓판)	외국어학보급회
66	스페인을 위한 한국어 회화	방준아
67	러시아인을 위한 한국어 회화	이윤근
68	프랑스인을 위한 한국어 회화	윤석만
69	독일인을 위한 한국어 회화	박진근
70	브라질 포르투갈인을 위한 한국어 회화	이승덕
71	한국어 4주간	외국어학보급회
72	실용 한국어 회화	외국어학보급회
73	활용 한국어 회화	외국어학보급회
74	편리한 회화 수첩	외국어학보급회
75	러시아어 펜맨십 강좌	외국어학보급회
76	한러 사전	최숭
77	러한사전	최숭
78	한러 러한 합본 사전	최숭
79	학습 노한 사전	마주르
80	노노대사전	오제코프
81	약어로 익히는 러시아어 사전	파그라쟌쯔
82	최신 한이 사전	최보선
83	독한 입문 사전	서석연
84	한자 요결 사전	안승제
85	최신 한국어 베트남어 사전	류지은
86	한국어-베트남어 사전	레이꽈아
87	이집트 아랍어 구어체 사전	여종연,이병학